Créer

un monde

DU MÊME AUTEUR

Chez le même éditeur

Le Contrat d'inversion
en coll. avec Claude Bertrand, 1977

Le Territoire imaginaire de la culture
en coll. avec Claude Bertrand, 1979

L'Amérique du Nord et la culture, 1982

Les Pôles en fusion
en coll. avec Claude Bertrand, 1983

Mort et résurrection de la loi morale, 1997

Chez d'autres éditeurs

L'ami-chien, Fragments d'une éthique de l'amitié
Montréal, Le Préambule, 1986

Désert
Montréal, Le Préambule, 1988

Souveraineté de l'individu
Montréal, Les Herbes rouges, 1992

L'étrangeté de la raison
Montréal, Les Herbes rouges, 1993

MICHEL MORIN

Créer
un monde

Exercice de philosophie subjective

Essai

Collection Constantes

Les Éditions Hurtubise HMH bénéficient du soutien financier
des institutions suivantes pour leurs activités d'édition :

Conseil des Arts du Canada ;
Gouvernement du Canada par l'entremise du Programme
d'aide au développement de l'industrie de l'édition (PADIÉ) ;
Société de développement des entreprises culturelles
au Québec (SODEC).

Maquette de la couverture
Olivier Lasser

Mise en page
Lucie Coulombe

Éditions Hurtubise HMH ltée
1815, avenue De Lorimier
Montréal (Québec)
Canada H2K 3W6
Tél. : (514) 523-1523

ISBN 2-89428-461-6

Dépôt légal : 3ᵉ trimestre 2000
Bibliothèque nationale du Québec
Bibliothèque nationale du Canada

Imprimé au Canada

Objectivement, on accentue *ce qui* est dit ;
subjectivement, *comment* c'est dit.

Kierkegaard

I

APERÇUS

AVOUER LE MANQUE DE FONDEMENT

«Comment pouvait-il parler de volonté», s'interroge Alain, le personnage principal du *Feu Follet* de Drieu La Rochelle, à propos de son médecin, «alors que la maladie est au cœur même de la volonté? Il y a là, poursuit-il, une grande sottise de notre époque : le médecin fait appel à la volonté des gens alors que sa doctrine nie l'existence de cette volonté, la déclare déterminée, divisée entre diverses déterminations. La volonté individuelle est le mythe d'un autre âge; une race usée par la civilisation ne peut croire dans la volonté. Peut-être se réfugiera-t-elle dans la contrainte : les tyrannies montantes du communisme et du fascisme se permettent de flageller les drogués.»

On aura compris que le mal pour lequel ce patient est traité est une accoutumance à la drogue. Ce mal tient donc à la «volonté» au sens de «volonté consciente» où s'entend généralement ce terme. Aussi est-il paradoxal de prétendre soigner une «maladie de la volonté» en incitant le patient à s'en remettre à un effort de la volonté. Aussi bien dire à un impotent qu'il suffit de s'en remettre à ses deux jambes pour aller où il veut. Or, l'incitation à faire un effort de la volonté n'est-il pas au fondement d'une certaine tradition morale apparentée au christianisme quoique d'origine socratico-stoïcienne ? « Par un effort de la volonté, tu finiras pas venir à bout de tes désirs et passions, tu en viendras à les maîtriser, à te les asservir plutôt que d'être absorbé par eux. » On connaît cependant la suite : le régime de la « double vie » avec tout ce qu'il implique d'hypocrisie. La « nature », en effet, ne s'en trouvera pas pour autant domptée. Elle fera retour envers et contre la volonté dont elle se moque. Elle se sait plus forte. Elle est plus forte. Elle « sait » fort bien qu'on ne fait rien sans elle et qu'à vouloir l'ignorer ou la minimiser, on s'expose à une explosion d'autant plus forte que la « volonté » d'en venir à bout se sera trouvée plus affirmée. Il est des injonctions plus fortes que la volonté auxquelles il est impossible de résister, au risque de mettre en péril son existence ou de « perdre la raison », c'est-à-dire de voir submerger sa conscience. Drôle de conscience alors qui ne peut agir sur la nature qu'à condition d'y céder !

Conscience et volonté ne se peuvent en effet dissocier. En elles, croit-on, se concentre l'humanité de l'homme. Pourtant, l'expérience nous apprend qu'elles sont toujours débordées ou en voie de l'être. Frêle esquif sur l'océan de ce qu'il faut bien appeler « nature »... À moins que, dans le sillage de Heidegger, on ne parle de l'« être ». Mais « nature » a l'avantage d'insister, comme aussi Heidegger le souligne, sur « l'épanouissement de ce qui s'épanouit », sur le moment de l'éclosion et de la naissance de ce qui, ainsi, advient à l'être. En effet, de quelque « étant » qui apparaisse, on ne peut dire qu'il tende à « retomber », à s'« affaisser », une fois apparu. Il n'y a pas aspiration au néant dans la nature, mais plutôt tendance, pour chaque étant, à persister dans l'être, à se maintenir et à croître. Il n'y a donc pas «chaos» mais «cosmos», même si «cosmos» ne renvoie pas à une réalité «donnée», fixe, mais plutôt à cette tendance de ce qui est à se constituer, à prendre forme, envers et contre ce qui, par ailleurs, œuvre à le détruire. Aussi pourrait-on dire qu'il y a de la «puissance» dans l'être, pour reprendre une expression spinozienne. Si l'étant est «risqué», comme le dit Heidegger, c'est à la fois parce qu'il n'est pas protégé, qu'il est jeté là dans l'être, sans garantie a priori ni «signification» donnée, et qu'il n'est pas abandonné. En effet, dit-il, «s'ils (les étants) l'étaient, ils seraient aussi peu risqués que s'ils étaient protégés. Uniquement voués à l'anéantissement, ils ne seraient plus "en balance".» S' il y a ainsi, de l'intérieur de l'étant, une puissance à l'œuvre qui le pousse à ne pas retomber, rien a priori ne lui offre la moindre garantie contre le péril, l'épreuve que, de toute façon, implique «être». Cependant, «être de la nature» n'a pas la même portée, et par conséquent, la même signification pour l'homme et les autres «êtres de la nature» tels que plantes et animaux : insérés «au niveau de pures tendances et poussées, dans les rets du Tout de l'étant», ils persistent «aveuglément», sans plus. Leur être est immanent au «tout de l'étant», sans écart aucun. Il en va autrement de l'homme, ce «drôle d'animal». Qu'est-ce donc que cette bête étrange, sinon celle chez qui, «un jour», peut-on supposer, si l'on est attentif à notre propre expérience intérieure d'être humain, une «faille» s'est ouverte, un sentiment intérieur de non-coïncidence avec ce qui est? Là où jusqu'alors ça persistait aveuglément, tout devenait question, tout était problème. Angoisse! N'est-ce pas l'état «fondateur» de toute humanité? Crainte dépourvue d'objet, crainte face à l'expérience du «manque d'objet», du «vide», du «rien», tous ces guillemets indiquant le registre métaphorique auquel on ne peut manquer de recourir pour évoquer ce qui, faisant défaut, ne peut néanmoins être exprimé que sur un mode «étant», affecté de présence. Le présent accourt pour rendre compte de l'absent, l'«objet» pour indiquer le vide, le manque d'objet. Tel n'est-il pas le «miracle» ou, si l'on veut, l'ensorcellement de la conscience : rendre présent ce qui échappe, fait défaut, et, de la sorte, reconstituer le monde ? Devenir conscient, c'est se re-présenter, se «rendre présent» ce qui s'absente ou se profile sur le mode de l'absence. N'est-ce pas en effet le «supplément» auquel a recouru la «nature» pour pallier le manque terrible d'«objet», ou, si l'on veut, de «contact» avec les choses et les êtres? Tel est l'«effet» de cette ouverture angoissée, de cette faille ouverte chez le «premier» des primates «conscient» : la perte de «contact» avec les choses et les êtres, l'expérience d'être «à part», sans recours garanti, éprouvant jusqu'à l'angoisse le manque de «protection» ou de garantie, le sentiment d'être abandonné, d'être jeté dans le monde comme un «étranger». Dès lors une sorte d'«instinct» se met à l'œuvre de rendre à nouveau présent ce qui s'est ainsi absenté. Un «instinct», dis-je, faute de mieux, sans trop savoir ce que je dis. Que sais-je, que sait-on de cette «puissance» qui rend l'être humain capable de se rendre les choses et les êtres «présents» au moyen d'images intérieures qui, par un jeu de «renvois», mèneront à l'apparition des «mots» et de ceux-ci, aux «idées», aux concepts (à moins que ce ne soit l'inverse), jusqu'au point où, dirait-on, se perd à nouveau (mais, à l'autre bout, en un autre sens) tout rapport à la nature ?

Puissance de constitution d'un «monde intérieur» qui devient peu à peu l'«élément» propre à l'être humain. Puissance de détachement de la nature pour la re-créer à l'intérieur. Mais avant même cette question, le «pourquoi?» se tourne vers cette «première expérience» où le contact se perd. Pourquoi? En vertu de quoi? Questions auxquelles nulle réponse ne s'impose, puisque tout recours à une «causalité» est affecté du défaut de la «pétition de principe». N'est-ce pas la source profonde de la mise en question par Nietzsche du «principe de causalité»? La causalité, si elle vaut dans l'ordre du phénomène, vaut-elle sur le plan de l'expérience première, celle de l'être, celle d'être, expérience qui ne nous laisse pas la paix même si nous faisons tout pour la vouer à l'oubli? Spinoza n'y recourait au fond que pour la retourner sur elle-même : «Causa sui», tel est le «monde», telle est la «pensée». Mais que veut dire «causa sui», sinon que, s'il est question de «causalité» dans le domaine de la «génération» de l'être ou de la pensée, ou encore de l'apparition de l'être pensant, c'est selon une modalité que rien, dans notre expérience, ne nous permet de comprendre, du moins dans son caractère absolu? «Quelque part», la cause fait défaut : on peut avouer le manque ou s'y refuser en postulant une «causa sui», on n'en reste pas moins sur le plan de l'expérience dans une nuit opaque. Néanmoins, les questions «Pourquoi?», «En vertu de quoi?» se répercutent au fond de nous. Il faut consentir à l'absence de réponse, tout en continuant de vivre. Vivre pourquoi? se demandera-t-on alors. On s'en tirera par des pirouettes en prétendant répondre à ces questions, et surtout l'on se prendra terriblement au sérieux. On ne sait pas, mais on *sent*, et, en ce sens, on sait, avant même toute réflexion, qu'il est *mieux* de continuer, de persister que de ne pas le faire. Je serai simple, voire simpliste, en répondant qu'il n'y a pas de « raison » à continuer de vivre ni de recours *garanti* à une « cause » qui nous y enjoindrait. Je me souviens avoir déjà répondu avec plus d'assurance. Plus de naïveté surtout. J'avouerai sinon la perte de la foi, du moins l'expérience du risque de la perdre. Perte d'une certaine « innocence » qui concède sa part au désespoir sans toutefois consentir à y céder. Affirmant qu'il est « mieux » de continuer de vivre que de ne pas le faire, je m'en remettrai à un « instinct » qui le commande, une « puissance » qui y porte, une « foi » qui entraîne à y adhérer. J'y logerai la source de toute « valeur », ou, si l'on veut, la première des valeurs. Au fond, une sorte de « conatus » risqué par-delà le désespoir, l'abîme entrevu, une fois la « volonté » *réduite*.

RISQUER
DE CROIRE

Un vide s'est ouvert... dans la culture, l'existence de chacun. Il y a discontinuité avec les époques antérieures. Dès lors, un état d'angoisse se propage. Incertitude, manque d'assurance, confiance ébranlée en soi-même, dans les autres, la société, et, plus décisivement encore, la civilisation. Quelque chose continue, certes. Des points de référence subsistent. Mais on se leurrerait à croire que leur sens est resté inaltéré. Si les mots sont les mêmes, chacun sent, sait au fond de lui-même que leur résonance intérieure n'est plus la même. Famille, nation, patrie ne vont plus de soi. Une certaine adhésion innocente au sens de ces termes n'est plus possible. Néanmoins, on ne cesse de se rejouer la grande comédie de la «défense» de ces valeurs. Périodiquement, de grands sursauts de foi et de ferveur visent à nous donner le change. «Vous voyez bien, chacun croyait que c'était mort, que le temps était venu d'enterrer familles et patries, mais quel sursaut, quel emportement! Qui l'eût cru encore tout récemment?» Depuis quand les grandes valeurs meurent-elles d'un coup sans laisser de traces, sans des retours périodiques de ferveur? En ce domaine, les

chants du cygne n'en finissent plus de s'entendre. Cependant, la manière dont ces sursauts retombent, l'affaissement quasi soudain qui suit les périodes de «gloire» ne
devraient-ils pas nous alerter? Chacun ne devrait-il pas se
rendre attentif à la résonance intérieure, au cœur de soi,
de ces grands idéaux et valeurs? Le son n'est-il pas un peu
fêlé? Ne doit-on pas «se forcer» pour y croire? Le caractère sporadique de nos emportements, leur ferveur trop
soudaine ne devraient-ils pas signaler à notre attention le
grand vide qui s'y cache? Le désespoir ne se dissimule-t-il
pas dans les interstices de la volonté qui, pourtant, «veut»
plus que jamais? Ne pourrait-on justement se rendre
sensible à ce qu'il peut y avoir de forcé en certains emportements ou sursauts de ferveur volontariste?

Si l'on descend en soi-même, ne peut-on se rendre
compte que l'on est passé «par-dessus» certaines réticences,
réserves ou interrogations? Pourquoi dès lors, peut-on se
demander, sinon pour en finir..., et voilà le sourd nihilisme qui, paradoxalement, se cachait derrière ces déclara-
tions de foi (souvent collectives) trop subites et ferventes,
trop «décrochées» de la vie réelle pour que l'on puisse ne
pas les suspecter. «En finir avec...», telle serait la formule
secrète du nihilisme contemporain. Mais en finir avec
quoi? Avec l'incertitude, l'hésitation, les réticences, mais
aussi les questions et finalement les tentations, celle de
parler, au premier chef, en son nom propre (l'oser, du
moins le tenter), celle d'agir aussi, mais au sens le plus
modeste, celui de l'acte simple et solitaire, l'effet produit
sans intention ni véritable décision, avec grâce et délica-
tesse. Sans insistance. Toute insistance est immodeste:
les adhésions aveugles y prennent leur source. C'est à soi-
même en effet d'abord que l'on en fait croire, de manière

à se convaincre de sa propre capacité de vouloir et de décision, de sa propre « puissance » d'action dans le monde et
parmi les hommes. Justement parce que, plus que jamais,
la volonté défaille, la « conscience » s'absente. En finir
ainsi avec ce qui, en soi, se cherche et s'interroge sans
jamais savoir si quelque réponse sera trouvée, quelque
« vérité » atteinte. Ce vide qui s'ouvre, dans lequel se pré-
cipitent les questions, rend toute action difficile et hasardeuse, tout engouement grandement douteux. Dès lors,
tout recours « automatique » ou allant de soi à la volonté, à
la puissance de décision, devient problématique puisque
ce recours était fondé sur une adhésion consentie à des
valeurs qui étaient hors de question, tout soupçon se trouvant immédiatement refoulé par le milieu ambiant auquel
l'individu était intégré. Un tel effondrement de la volonté
n'est pas neuf dans l'histoire, mais il n'affectait jusque-là
que quelques individus d'exception qui y répondaient par
une œuvre créatrice à travers laquelle ils rachetaient leur
défaillance à leurs yeux et à ceux des autres. Ce qui est
nouveau, c'est la généralisation, la « démocratisation » de
l'effondrement, au XXᵉ siècle particulièrement.

La naissance de toute œuvre créatrice ne passe-t-elle
pas toujours par une telle expérience d'« effondrement »,
qu'elle soit dite ou tue ? Le Descartes du *Discours de la méthode* n'en témoigne-t-il pas à sa façon ? Celui de l'errance,
du doute, de la quête, auxquels succède le ressaisissement,
voire l'illumination et le ravissement. De ce craquement à
la fois avoué et tu, la découverte de la « personne propre »,
du « moi », du « je pense », n'est-elle pas issue ? Dès lors,
tout ne peut-il et ne doit-il être réinventé : le monde, les
corps, les astres, les autres ? Descartes n'est-il pas moderne,
comme il est coutume de dire, non tant à partir de son

fameux «maître et possesseur» de la nature qu'à travers son émancipation de toute adhésion «naturelle» à son insertion dans le monde, les choses, à la volonté, la raison, Dieu? La «modernité» ne commence-t-elle pas avec l'ouverture de cet espace de doute, de questionnement et de recherche où le «moi» s'essaie à l'existence? Cet espace de liberté, mais aussi d'indétermination, peut-il s'ouvrir au «moi» qui émerge sans angoisse? Plus rien n'étant à l'avance fixé et déterminé, il n'y a plus d'intégration au «tout» qui aille de soi. Peut-il même encore exister un «tout»? S'il peut ou doit exister, dans la mesure où l'individu n'accepte pas de se vivre comme un pur atome et aspire à un «sens», ne doit-il pas être inventé, sans cesse réinventé? N'est-ce pas à quoi se livra cet autre grand «moderne», Léonard de Vinci, qui cherchait à travers la multiplicité des phénomènes de tous ordres dont inépuisablement il faisait l'expérience, le fil conducteur ou unificateur? L'unité n'est ni donnée, ni finale, elle s'engendre à travers l'effort que l'on fait d'unifier, c'est-à-dire de relier ce qui s'offre à l'expérience de façon dispersée.

Certes, me dira-t-on, mais il n'est pas donné à tous de faire un tel effort... Peut-être, mais aujourd'hui, la «condition moderne» étant notre élément commun, il est intimé à chacun de s'y porter. Jamais, bien sûr, il n'arrivera que tous s'y portent, pas plus qu'il n'est jamais arrivé sous un régime religieux que tous adhèrent au fond d'eux-mêmes. Néanmoins, cela s'imposait au sens même où cela ne s'impose plus aujourd'hui à chacun. Un certain état d'«adhésion innocente» à ce qui reliait les hommes entre eux à travers un même rapport à l'au-delà – ce qui proprement veut dire «religion» – est désormais rompu, et avec lui, la transmission tranquille d'une génération à l'autre d'un «fonds» de vérité acquis. En ce sens profond, chacun, aujourd'hui, est seul avec lui-même dont il ne sait pas grand-chose... lui-même, cet inconnu qu'il doit chercher et découvrir. Seul avec les autres, même lorsqu'il s'y trouve lié, puisqu'il ne va plus de soi qu'un homme vive avec une femme toute sa vie, que la «famille» soit son lieu d'insertion et de développement. Ce n'est plus en effet parce que c'est «ma femme» que je suis sûr qu'elle passera sa vie avec moi ni parce que ce sont «mes enfants» que mon autorité sur eux s'en trouve garantie, pas plus que je ne suis assuré que c'est à moi qu'ils se rapporteront comme instance décisive jusqu'à la fin de leur vie. Même mon «identité sexuelle», comme on dit aujourd'hui, pose problème : que je sois un «homme» ne me garantit d'aucune manière que je me sentirai disposé au comportement qu'on est censé en attendre.

Dès lors, chacun est condamné à chercher sans être assuré de trouver. À errer donc... mais le sens est à chercher dans cette quête elle-même, en ce qu'elle a d'indécis et d'incertain. Longue, semée de doutes, de défaillances et de découragement, cette quête ouvre sur le vide et la tentation d'en finir... pour enfin s'installer en quelque sécurité d'existence. Personne aujourd'hui n'est une fois pour toutes assuré contre ce nihilisme. Le «plus rien ne vaut» universel est la plainte que chacun entend au fond de lui. Telle serait peut-être, en effet, aujourd'hui, la toute première forme d'universalité, l'état premier de la condition de l'homme moderne. Le nihilisme est la tentation la plus proche en chacun : y opposer les «fois qui transportent les montagnes» est sans véritable vertu. C'est opposer le pouvoir de l'autosuggestion à l'incertitude de la quête hasardeuse et à la joie inopinée de la découverte authentique. Nul ne nous sauve plus a priori de notre finitude.

La foi reste un don plus que jamais hors de toute convoitise et de toute volonté, suspendue à un risque couru ou non, hors de toute rationalité apparente. Don précaire et sans cesse menacé. Plus authentique cependant que cette « foi du charbonnier » apparemment à toute épreuve qui cache mal le nihilisme de fond dont elle se nourrit. Cette « foi du charbonnier » ne fausse-t-elle pas du même coup ce qu'il en est de la foi ? Si « foi » n'est pas « certitude », n'est-ce pas en vertu de cette indétermination qui la fait risque et pari ? Plus que jamais la foi s'impose comme pari, avec ce que cela comporte d'incertitude, jamais définitivement surmontée. Qu'on se prétende « assuré dans la foi » témoigne en faveur de son pouvoir d'autosuggestion, variante répandue de la tentation d'en finir qui s'achève dans le confort et la « satisfaction ». Le nihilisme se détecte dans le caractère *forcé* de la conviction, la liquidation de l'hésitation, du doute, l'évacuation de la quête, de ce que comporte de toujours mal assuré la traversée au profit d'un saut volontariste dans un « corps de vérité » dont il ne s'agira plus dès lors que de se convaincre toujours plus à force de « témoins » inépuisablement convoqués à la barre. Lectures, témoignages, expériences n'en finiront plus de « confirmer » ou de « prouver » sans l'ombre d'un doute évidemment la réalité de cet « au-delà » toujours menacé de s'effondrer. Or, l'au-delà est une apparition, toujours improbable, une échappée qui ne nous sauve de notre finitude que pour nous y ramener, autres peut-être et autrement.

La tentation nous poursuit toujours d'en finir avec l'indétermination, la souffrance de la finitude par un coup de la «volonté», quelque entreprise d'autosuggestion ou intoxication qui nous confère enfin le confort et la sécurité qui nous font aujourd'hui, dans notre monde de confort et de sécurité, plus que jamais défaut. Or, la «volonté» est morte avec le monde qui la portait et lui fournissait des assises, elle est morte comme mouvement authentique de l'âme et de l'esprit, remplacée par l'auto-conditionnement ou autosuggestion qu'alimentent souvent drogues et substances de toutes sortes. Il n'est point là d'au-delà puisque c'est justement la substantialité de l'autre monde, de l'au-delà qui n'est plus garantie et ne se tient plus d'elle-même. Cette faculté d'autosuggestion tient plutôt du réflexe que de cette «longue patience» qui serait le signe de la volonté authentique, mais en un sens renouvelé : ce qui persiste ou persévère à travers le temps, c'est-à-dire manques, défaillances, interruptions, défaites, désespoirs, bref, l'épreuve de la finitude. Réflexe de peur, certes, mais surtout, aveu de fatigue aussitôt occulté «d'un coup».

L'autosuggestion est un mouvement d'adhésion *forcé* plutôt que le fruit tranquillement recueilli d'une lente maturation. La différence de cette dernière forme d'adhé-sion est qu'elle n'exclut jamais, y compris lorsqu'elle semble s'être installée à demeure, les accès d'incertitude, les «déprimes» et autres tentations d'en finir. Néanmoins, une certaine assurance intérieure, du moins, une disposi-tion mieux assurée de l'être permet de les traverser sans véritable dommage : le saule plie, mais ne rompt pas. Ne serait-ce pas en ce sens qu'on pourrait aujourd'hui parler de «foi», non plus celle, à l'épreuve de tout, dite «du charbonnier», mais plutôt cette adhésion naturellement mûrie à ceci ou cela, quelque chose ou quelqu'un qui «aide à vivre », en redonne le goût d'un jour à l'autre, en dépit de ce qui déçoit, déprime ou décourage ? Malgré la tentation qu'inévitablement j'éprouve d'« en finir » non tant avec la vie comme telle en son sens premier qu'avec l'effort, la quête en son incertitude, avec ce risque sans cesse à courir d'être et de devenir, eh ! bien ça continue, « je » continue. C'est sans doute ici que le « je » re-prend un sens : non qu'il commande ou décide, plutôt advient-il en tant que recueillement sur soi de l'effort d'être, cette capacité de consentir à... qui signe une certaine permanence. À quoi ? se demandera-t-on. À *cela* qui insiste, en dépit des ratés, cela qui recommence par-delà la défaite ou l'ensommeillement, sans trop savoir pourquoi mais avec, néanmoins, cette conviction « instinctive » qu'au fond c'est cela qui est *le mieux*, « cela va de soi ». Un « cela va de soi » qui n'a rien d'évident au premier chef, il faut le dire, puisqu'il n'est pas donné, hérité, mais gagné, conquis : discrètement, il s'est comme établi à l'intérieur de soi, il y a « fait son nid », dirait Nietzsche, sans que l'on sache comment ni pourquoi.

RÉALITÉ DU MONDE INTÉRIEUR

On ne saurait certes se baser sur un seul texte pour évaluer ce qu'il en est de la pensée de Heidegger. Néanmoins, tel texte particulier peut faire fonction de révélateur. Comment, par exemple, Heidegger introduit-il ce qu'il en est de la représentation dans *Pourquoi des poètes*? : « ce que Rilke a appréhendé comme l'Ouvert, cela c'est précisément le clos, le non-éclairci, ce qui poursuit sa route dans l'illimité de sorte qu'il ne saurait faire rencontre avec quelque chose d'inhabituel, ni même avec quoi que ce soit. Car où quelque chose rencontre, il y a barrière. Où il y a ainsi limite, le limité est refoulé sur lui-même et ainsi réverti sur lui-même. La limitation dévie, déforme, barre le rapport à l'Ouvert, et fait de ce rapport un rapport réfléchi. La limitation au sein de l'illimité est fournie par la représentation humaine. L'en-face des objets ne laisse pas l'homme être immédiatement dans l'Ouvert. De certaine manière, il exclut l'homme de ce monde et le place devant le monde, "monde" signifiant ici l'étant dans son entier. » Cette notion de « l'Ouvert » est empruntée à Rilke dont un peu plus loin il cite une lettre dans laquelle il s'explique à ce sujet : « Avec l'Ouvert donc, je n'entends pas le ciel, l'air et l'espace, car ceux-là aussi sont, pour le contemplateur et le censeur, "objet" et, par conséquent "opaques" et fermés. L'animal, la fleur, il faut l'admettre, *sont* tout cela sans s'en rendre compte, et ont ainsi devant eux et au-dessus d'eux cette *liberté* d'une ouverture indescriptible, liberté qui n'a, peut-être, ses équivalents (d'ailleurs momentanés) que dans les premiers instants de l'amour, lorsqu'un être humain découvre dans l'autre sa propre immensité, et dans l'exaltation vers Dieu.»

Il est frappant d'abord de constater le caractère négatif des termes utilisés pour signaler l'apparition de la représentation : barrière, limite, « limité refoulé sur lui-même », « la limitation dévie, déforme, barre ». Par opposition, bien sûr, à « Ouvert » qui signifie « ce qui ne barre pas ». Or, « la plante et l'animal sont insérés dans l'Ouvert. Ils sont "dans le monde". Ce "dans" signifie : non-éclaircis, impliqués dans le réseau de la perception pure ». L'Ouvert est, par excellence, le « milieu » des êtres de la nature tels que plante et animal. C'est de ce milieu auquel néanmoins il appartient que l'homme est coupé par la re-présentation. Par cela même que l'homme se re-présente, il n'est plus « dans le monde », il a désormais le monde « devant lui ». L'homme ne peut éprouver le besoin de se re-présenter les choses, de se les « rendre présentes » que parce qu'il en éprouve douloureusement l'absence. Un vide s'est ouvert en ce drôle d'être qui l'a mis une fois pour toutes à distance de « l'inconscient insèrement, au niveau de pures tendances et poussées, dans les rets du Tout de l'étant.» Une non-coïncidence avec ce qui est et cette poussée interne qui agit dans tous les êtres. Angoisse. Mais, en même temps re-prise, res-saisissement. Re-constitution de la «nature» à l'intérieur en images, signes, mots, idées. Émergence et développement d'un monde intérieur abstrait qui, dès lors, n'est plus «de la nature». L'homme est désormais ailleurs, autre que tous les êtres «de la nature». À la fois «de la nature» et pas «de la nature».

Certes, le voilà coupé, un accès lui est barré, c'est le règne de la limite : «moi» et «les choses», les autres êtres, les autres hommes et cet autre à l'intérieur de «moi». C'est la fin de l'immanence que marque de façon décisive l'apparition de la première parole ou du premier cri. Plus rien ne va de soi. Désormais, ce qui tire l'homme ailleurs sera très fort, de plus en plus fort. Plus éloignée que jamais apparaîtra la «nature», plus étrangers les autres «êtres de la nature». «Plus la conscience est élevée, plus l'être conscient est exclu du monde», écrit Heidegger. Exclu du monde, certes, mais de plus en plus accaparé par un autre, habitant un autre, apprenant à y séjourner, celui-là même d'ailleurs d'où pense et parle, d'où nous parle Heidegger. Il est toujours étonnant que des êtres de pensée dont tout le milieu d'existence est pensée, dénoncent la pensée, en montrent la limite. Certes, Heidegger pense, revendique l'élément de la pensée, poursuit un dialogue pensant avec la poésie, mais en même temps dénonce la représentation en l'associant étroitement avec le processus d'objectivation du monde. «Avec l'intensification et l'élévation de la conscience, écrit-il, dont l'essence est, pour la Métaphysique moderne, la représentation, s'élèvent l'instance et l'obstance des objets.» «Par la représentation humaine, peut-on lire encore, la nature est amenée à comparaître devant l'homme. L'homme place devant lui le monde comme l'objectif en son entier et il se place devant le monde.» Bien sûr, penser n'est pas «se représenter». Mais comment la pensée serait-elle possible sans représentation ? Si la représentation est «image», «interprétation de la chose», en ce sens, «figement» et «objectivation», elle n'en est pas moins intériorisation, constitution d'un monde intérieur. La «pensée» dès lors, lorsqu'exercée pour elle-même, consiste à défaire ces représentations en ce qu'elles ont d'arrêté et de figé, à en faire apparaître la mouvance du sein d'un élément dont elles sont constituées mais qu'elles occultent tout à la fois en le remplissant indûment. De ce point de vue, la re-présentation, qui n'est autre en réalité que la conscience et l'émergence de la réflexivité, c'est-à-dire aussi bien l'avènement de l'homme au sentiment de son intériorité que l'intériorisation des êtres et choses «de la nature», ne saurait être abordée d'un point de vue purement négatif. Si elle «barre» et «borne», elle institue tout autant. Si elle tient à l'écart de la «nature», c'est dans la mesure même où elle fait exister une autre réalité, une autre «dimension» que celle de la «nature», une «autre nature», serait-on tenté de dire ou un «autrement que nature».

Certes, nous lui sommes bien redevables de l'«objectivation du monde», processus lent et complexe à l'œuvre dans l'Histoire, indissociable d'ailleurs d'une «subjectivation» toujours plus poussée de l'être humain, mais de l'une à l'autre, de l'œuvre de représentation à l'objectivation du monde, il y a un saut, un changement qualitatif, un «emballement» qui ne saurait être considéré comme l'*effet nécessaire* de la représentation. De tout cela, probablement Heidegger pourrait-il convenir, néanmoins, l'approche du problème et du processus qu'il nous présente dans ce texte n'est-elle pas symptomatique d'un glissement qui le mène, en sa pensée, à saper, à travers la critique de la représentation ou une certaine manière dont celle-ci est menée, la conscience humaine en ce qu'elle instaure *d'autre* dans la nature, au profit de ce qui pourrait être entendu finalement comme une sorte de «retour à la nature». C'est à un ton et un langage qu'on le décèle. Dans le texte suivi et cité jusqu'à maintenant, y compris d'ailleurs la lettre de Rilke, on se prend à envier la «liberté» dont jouissent animaux et plantes dans «l'Ouvert», le «sans-bornes» : «l'animal, la fleur... ont ainsi devant eux et au-dessus d'eux cette liberté d'une ouverture indescriptible», alors que l'homme «s'exclut du monde», que «par ses multiples productions, le monde est arrêté et amené à une ob-stance». Quiconque lit ces lignes, est sensible à leur style, au pathos qui les traverse, ne peut que se soulever d'indignation face à l'entreprise humaine et se sentir une vague sympathie pour les plantes, les animaux et toute la nature. À les lire, on croirait l'homme à l'œuvre, dès sa toute première émergence hors de la nature, pour soumettre le monde en sa totalité à un processus systématique d'objectivation sous son commandement, aliénant allègrement la douce liberté dont il jouissait jusque-là.

On peut s'étonner aussi, par ailleurs, de ce qu'on peut y entendre comme valorisation d'une forme de liberté qui se réaliserait dans l'évanouissement de la conscience, ainsi que dans les «premiers instants de l'amour». Il serait aisé d'opposer à une telle approche celle, plus classique, de la philosophie qui y verrait plutôt le plus bas degré de la liberté, celui où l'individu, complètement hors de soi, se trouve en réalité sous la totale dépendance d'un «objet» qui l'envahit et le fascine. La liberté, selon cette conception, s'exercerait plutôt dans l'effort vers un état de non-dépendance à l'égard des «objets extérieurs», c'est-à-dire du sein d'un espace intérieur de retrait où il serait possible de se ressaisir à distance des effets trop immédiats des objets extérieurs vers lesquels nous portent nos passions. N'est-ce pas à dire que l'expérience de la re-présentation, si, dans une certaine mesure, elle ferme à un monde, ouvre à un autre ? S'il est une puissance à l'œuvre dans la nature qui agit à travers l'instinct chez les animaux et la poussée interne chez la plante, n'agit-elle pas aussi en l'homme, mais en sens inverse : puissance de retrait du sein duquel un monde est re-créé, ré-inventé ?

NÉCESSITÉ DU RETRAIT RÉFLEXIF

« Quand l'abstraction s'élève aussi haut qu'elle le peut, écrit Schiller dans les *Lettres sur l'éducation esthétique de l'homme*, elle parvient à deux concepts ultimes auxquels elle est obligée de s'arrêter en avouant ses limites. Elle distingue dans l'homme quelque chose qui persiste et quelque chose qui change continuellement. Ce qui persiste, elle l'appelle sa personne, ce qui change son état. » Un peu plus loin, il formule une première fois le principe de réciprocité dont il développera par la suite les implications : « En dépit de toute constance de la personne, l'état change ; en dépit de tout changement de l'état, la personne reste constante. Nous passons du repos à l'activité, de l'émotion à l'indifférence, de l'accord à la contradiction, mais pourtant nous sommes, et ce qui dérive immédiatement de nous demeure. » Schiller affirme ici l'existence d'un principe de permanence irréductible au changement incessant des états intérieurs, tout en affirmant du même coup le caractère irréductible de ces derniers. Il existerait donc en l'homme un espace de retrait d'où il lui serait loisible en tout temps de se reprendre, de se ressaisir. Cet espace n'est pas purement « défensif » par

rapport à la succession des états, il ne viserait pas purement à les occulter, il aurait vertu d'instauration. Il serait
par excellence le lieu même, mieux encore l'œuvre même
de la réflexion. Réfléchir, c'est se ressaisir, se reprendre,
non au sens du moi de la représentation ou moi psychologique, à travers une image de soi, mais au sens plus décisif
où s'impose une autre forme de rapport à l'être, ou, pour
être plus juste, *une manière autre d'être.* Cette manière
autre d'être, si elle échappe à la succession des états,
échappe du même coup à l'expérience du temps. Elle est
de l'ordre d'une saisie, au sens d'un saisissement qui
dépossède le moi psychologique de sa prégnance et de sa
prépondérance. Ce saisissement correspond à l'expérience
d'une coïncidence entre ce qu'il en est, en son principe, de
ce qui me fait être et ce qu'il en est de ce qui fait être telle
chose, tel autre être, telle situation ou réalité. Coïncidence qui s'exerce non certes au sens de la reconnaissance
ou de l'assimilation mais du sein d'un redressement simul-
tané de l'image de moi et de l'image de la chose, ramenées
à leur essence. Ainsi n'est-ce plus tant de «moi» qu'il
s'agit et de la représentation que «je» me fais de quelque
chose... nous sortons du théâtre d'ombres ou de la caverne
pour advenir à la lumière des essences et des idées.

Cette lumière au début éblouit, comme dans le
mythe célèbre de Platon, celui qui en est saisi, tel est le
danger, telle aussi l'illusion : croire que l'on échappe au
corps, que l'on se soustrait au changement de ses états,
qu'enfin il serait possible de séjourner à demeure dans un
monde permanent et sûr. Illusion, car il faut bien retourner à la caverne, si jamais on l'a vraiment quittée, à cet antre
d'obscurité où s'éprouvent tout de même la proximité de
la présence, le confort de la représentation, y compris dans

son redoublement, le monde du rêve. «Rêve d'un rêve!», dirait Nietzsche. Néanmoins, le surgissement de la lumière et le saisissement dont elle s'accompagne sont irréductibles. Cela n'est pas qu'illusion : j'ai bien échappé à la caverne, il est bien réel et vrai que j'aie été transporté ailleurs, et qu'en ce lieu autre, rien ne passe : cela demeure et subsiste. Cela se recueille dans un Même qui n'est pas celui de la représentation, car il est, paradoxalement, dessaisissement tout autant que saisissement. Il est déplacement, dégagement. Je suis bien amené *hors de* la caverne. Je suis bien ailleurs que là où j'avais l'habitude de séjourner, avec les autres. Certes, j'y suis seul. J'ai bien quitté les autres, mais en même temps, je ne le suis plus, je le suis moins que jamais parce que *je suis tenu* de l'intérieur, tenu, retenu, dressé, redressé : enfin, je me tiens debout! Je ne suis plus en effet dépendant de la présence des autres et des choses, plus seul en ce sens mais non-isolé : ramené à mon principe, rattaché à la loi qui me fait être par moi-même qui n'est pas tant «loi de la nature» que «loi divine». C'est-à-dire : «loi d'Ailleurs», principe d'autosuffisance en vertu duquel mon existence suit une direction qui n'est pas du même ordre que celle que suivent plantes et animaux. La «loi» qui les meut, en effet et qui, d'ailleurs, me meut aussi, est une poussée aveugle; celle dont je parle présentement est une direction révélée à ma conscience qui devient manifeste dans les idées, positions et propositions que j'énonce. Certes, c'est bien comme sous l'effet d'une dictée que je les énonce, mais cette dictée ne survient pas comme en rêve, sous l'effet d'une divinité qui m'aurait ensorcelé ou qui me posséderait. C'est une dictée à laquelle je réponds éveillé en affirmant, en posant. Tout mon «je» y concourt, mais c'est un «je» défantasmé, saisi, au garde-à-vous, plus attentif que jamais à la clarté des éclairs qui lui adviennent, capable de les traduire en mots, phrases, propositions, sans pour autant trahir ce qui l'inspire ou ce qui lui dicte sa loi. Il ne le trahit pas car il advient à la saisie de la coïncidence, de l'adéquation intérieure, de la ressemblance idéelle entre l'essence du langage et l'essence de l'esprit. Les mots se trouvent dégagés de leur enveloppe d'interprétations multiples et ramenés dirait-on d'autorité à la signification une qu'ils ont vertu de transmettre et qui, d'ailleurs, est proprement leur « raison d'être ».

« Et nous voilà, dira-t-on, ramenés en arrière, à la contemplation des essences.» Ceux qui, dans la pensée, se meuvent ainsi que dans un train, ont tout loisir d'évoquer ainsi ce qui fut laissé en arrière, ce qui vient devant et ce qui roule entre l'un et l'autre. Mais la pensée n'est pas un train. Ce qui ne veut pas dire qu'elle n'ait pas d'histoire. Cependant, son histoire lui est interne, comme Hegel mais aussi Nietzsche nous l'ont fait comprendre. Elle n'est pas à la remorque des événements ni du faire des hommes qui, bien plutôt, se trouvent ressaisis, recueillis en elle et rendus à leur véritable réalité, l'autre côté, le côté interne du manteau, la doublure. Or, de l'intérieur de cette histoire se produisent de constants aller-retour entre l'intérieur et l'extérieur, c'est-à-dire l'au-delà de la caverne, là où le ciel est plus clair sans pour autant rendre invisibles les étoiles. Ce sont des aller-retour entre la nuit et la lumière, la tendre opacité des choses proches et le rude dénuement de ce qui élève et tend vers l'au-delà. C'est généralement dans le premier de ces éléments que se déroule l'histoire des hommes : celle des passions, exaltantes et décevantes, des rêves poursuivis et meurtris, là où chacun est tour à tour vainqueur et victime. Là s'avance et s'exerce l'existence en son intensité. Ce monde n'est pas celui des idées. Certains diront : que non ! c'est bien là que les idées s'affrontent et que se décide l'issue de leur combat ! D'abord, les idées ne s'affrontent pas, il n'y a pas « combat » entre les idées, mais plutôt entre les *idéologies*. Or, que sont les idéologies ? Des idées ? En un sens, oui. On pourrait dire : des idées au service des passions et des intérêts. Ou encore, et je crois que l'on serait plus juste : des passions qui s'emparent d'oripeaux d'idées, s'en vêtent et se pavanent avec orgueil. Voilà un exemple décisif d'empiétement d'un domaine dans un autre, du domaine de l'action dans celui de la pensée ou du domaine sensible dans le domaine insensible. La crise de la culture, au sens où l'entend Schiller, tient à ce débordement, à ce qu'un domaine sorte de son lit et envahisse l'autre. Non que les deux soient séparés comme deux mondes sans rapport. Certes non, car ce sont deux figures du Même, ou de l'Un. Mais chacun est irréductiblement distinct et c'est faute de pensée ou d'avoir pensé que l'on se porte dans l'action avec des « idées »... Ce sont alors des idées empruntées, de ces idées dites « générales » par Spinoza : des dépouilles, des oripeaux d'idées, qui, outre qu'elles se font passer pour ce qu'elles ne sont pas, empêchent le champ de l'action d'advenir à sa vraie réalité. On se bat à coup d'« idées » faute d'être capable d'un véritable retrait réflexif : l'on se jette précipitamment dans l'action, emportant avec soi des débris de réflexion auxquels on est d'autant plus attaché que toute sa pensée semble y tenir. Ce retrait, qui est celui de la reprise intérieure, n'empêche pas l'action ni l'expression des passions, au contraire, il leur laisse libre cours, leur ouvre la voie, dégage pour elles le champ de l'expérience. Est-ce à dire qu'elles se trouveront lâchées tels des chiens fous, à l'aveugle, sans guide ? Non, car l'espace de retrait étant toujours maintenu, une limite, de l'intérieur, s'imposera à elles. En outre, aucune passion n'est vraiment aveugle tant qu'elle est laissée à elle-même : ce sont les « idées » (ou pseudo-idées) qui l'aveuglent. Laissée à elle-même, elle va vers son but aussi vite qu'elle peut et s'épuise, laissant à la réflexion le temps de reprendre son champ. D'elle-même, une passion s'épuise : c'est la passion artificiellement étirée par une pseudo-idée qu'elle s'est asservie qui n'en finit plus de durer et fait des ravages. Il s'agit de l'une des deux façons dont l'homme peut manquer sa destinée, selon Schiller : « la concentration qu'exige sa faculté d'autoactivité, il peut la mettre dans sa faculté passive, empiéter par l'instinct sensible sur l'instinct formel et transformer son pouvoir de réceptivité en puissance de décision ». Il « décide » sous le coup de l'impulsion. L'« esprit » est saisi par l'impatience de l'impulsion. Il y a exigence d'aboutissement, d'établissement, d'instauration sans délai, sans effort de re-prise, sur une « base » qui n'en est pas une, celle des passions, du « sensible », sans cesse mouvante et changeante. L'effort de la pensée est court-circuité au profit d'un mouvement d'impatience, non sans, cependant, emporter avec lui une défroque de pensée qui témoigne de ce que c'est bien un « humain », un « être humain » qui est ici à l'œuvre. Laissé à lui-même, le combat des passions n'est pas si meurtrier : les passions en sont les victimes, non les hommes. Les passions, telles des flèches tirées d'un arc, s'élancent vers leurs cibles et s'épuisent, une fois celles-ci atteintes. « Elles meurent de leur belle mort », comme on dit. Car il est un instinct, tout autre, qui, en l'homme, agit, ou, du moins, peut agir, si on sait le reconnaître et lui donner libre cours : celui qui porte à se retirer de ce qui emporte hors de soi, qui sait, *de l'intérieur*, maintenir une saine distance, une saine réserve.

«Sérénité», dira-t-on, de cet air entendu qui donne l'impression d'avoir «compris», c'est-à-dire d'en avoir fini avec ce qui, ainsi, emporte hors de soi. Telle est l'illusion (une autre!) : croire en avoir fini avec les passions et jouir dès lors d'une paix non-troublée jusqu'à la fin de sa vie! C'est là, est-il utile de le dire, la paix du cimetière. Non, la «sérénité», si le mot a un sens, c'est comme une loge au théâtre : en plein cœur de l'action, emportés, captivés, se savoir en retrait, à l'écart, ailleurs. Ce n'est pas dire : ne rien éprouver, s'insensibiliser. C'est dire : éprouver pleinement ses sentiments et passions pour ce qu'ils sont, en sachant que là n'est pas tout «soi», qu'en même temps que tout cela s'agite, *je* reste le même, *je* subsiste, *je* continue parce que *je* pense par moi-même. Les passions qui ne retombent pas d'elles-mêmes sont artificiellement étirées par de pseudo-idées : elles «veulent» aboutir, elles «veulent» régner. Or, les passions et les idées ont ceci en commun qu'elles ne «veulent» pas régner : elles règnent. Leur différence tient à ce qu'une passion ne règne jamais longtemps et passe son sceptre à une autre, tandis qu'une idée règne pour toujours, sans pour autant empêcher les autres de régner. Elles règnent multiples au soleil de l'Un, car leur multiplicité n'est qu'apparente (ou plutôt «apparence») : en elles, l'Un s'exprime sans pour autant se diviser.

On peut, par ailleurs, croire décider de sa vie au moyen d'idées que l'on a conçues et auxquelles on se fait fort de soumettre la réalité. Comme si l'on pouvait ainsi en finir avec celle-ci, les désirs et les passions qui la meuvent!

Comme si on pouvait échapper au temps, à la lente
temporalisation de son existence! Voici la raison qui reste
tendue, obnubilée par elle-même! Que jamais ne cesse la
lumière! Que jamais elle ne le cède à l'obscurité! C'est la
finitude malheureuse, l'homme malheureux de n'être pas
Dieu qui ne voit point de ressources ni de regain en ce qui
échappe à sa pensée. Mais de quelle pensée alors s'agit-il?
D'une pensée exsangue, à bout de concepts, de ces
concepts morts qui ne renvoient plus qu'à eux-mêmes.
Des concepts sans limites! Sans matière, sans lieu d'application ni de ressourcement. À force d'avoir tenu en laisse
toute passion et toute expérience, celles-ci aussi ont été
rendues exsangues, appauvries... elles n'osent plus essayer,
s'élancer, elles dépérissent lentement. «Sérénité» dès lors
chez le suppôt humain? Non, ennui, épuisement, rigidité,
engoncement, désir de mort. La pensée tue aussi sûrement
que les passions. L'une et les autres tuent pour la même
raison: par absence de sens des limites, dépérissement
d'un «instinct» au profit d'un autre, incapacité chez le
suppôt de supporter la contradiction inhérente à la
finitude. Désir d'en finir avec la finitude! Rêve fou (et
forcément déçu) d'être Dieu ou Diable! Si «sérénité» il y
a et bonheur peut-être (qui sait?), c'est dans la finitude
consentie. «Chute» il y a sans doute du point de vue du
divin (de ce qu'est le divin). Mais c'est là une question de
perception! «Chute» dans l'hypothèse où régnerait telle
alternative: ou bien être Dieu, ou bien ne pas être. Comme
s'il n'y avait pas merveille à être! En soi! Merveille et
privilège extraordinaire! Mieux vaudrait-il ne pas être?
Qui le croit vraiment? Certes, être fini est une tâche, mais
pourquoi ne pas en faire une œuvre? Pourquoi ne pas faire
resplendir la finitude? Pourquoi vouloir en finir avec une

part ou l'autre de ce que l'on est, réflexion, passion, pour exorciser le spectre de la finitude ? Et surtout pour se libérer de la tâche d'être, d'être en tant que fini ?

«La capacité d'extension qui appartient à sa faculté passive, il peut la donner en partage à la faculté d'autoactivité, empiéter par l'instinct formel sur l'instinct sensible et supplanter par sa puissance de détermination autonome le pouvoir de réceptivité de ce dernier.» : deuxième forme d'empiétement dont nous avons parlé. Parlant des deux instincts qu'il appelle «sensible» et «formel», Schiller écrit : «La nature n'a donc pas voulu leur antagonisme, et si cependant ils apparaissent en opposition, c'est parce qu'ils s'y sont mis parce qu'ils ont librement transgressé la nature en se méprenant sur eux-mêmes et en confondant leurs sphères respectives. La tâche de la culture est de veiller sur ces dernières et d'assurer à chacun des deux instincts ses frontières. Elle doit donc à tous les deux une égale équité et son rôle est d'affirmer non seulement l'instinct sensible contre l'instinct raisonnable, mais encore celui-ci contre celui-là».

D'UNE CERTAINE « BOUSSOLE » MORALE

Que l'on parle d'éthique ou de morale, de quoi donc, au fond, s'agit-il concrètement, pratiquement, sinon pour chacun d'apprendre à se guider dans l'existence ? Savoir où l'on s'en va, connaître ce que l'on veut, voilà ce qui, pour chacun, ne va pas de soi. Savoir même ce qu'il en est de son propre désir n'est pas si évident. Chacun hésite, se demande quel serait le meilleur parti à prendre, la meilleure position à adopter, le meilleur choix à faire, le meilleur ami ou partenaire à trouver. Et même lorsqu'une direction finalement s'impose, on peut encore longtemps rester mal assuré.

S'il est ainsi question d'apprendre à se guider dans l'existence, précisons qu'il ne saurait seulement s'agir de se guider « en général », de trouver « le sens » de sa vie, comme s'il existait quelque part une telle abstraction. La question est pour nous très concrète : elle concerne les choix, les décisions les plus simples que l'on est amené à faire ou à prendre chaque jour : dois-je appeler telle personne aujourd'hui ? Irai-je en tel lieu tout à l'heure ? Me rendrai-je à ce rendez-vous qui m'oblige ou l'annulerai-je ? De telles questions peuvent paraître insignifiantes, d'un certain point de vue elles le sont tant elles sont particulières et semblent dépourvues d'enjeu vraiment décisif. Cependant, elles sont incontestablement réelles, et chacun s'y trouve chaque jour confronté. Devrait-on les négliger au profit des «grandes questions»? Ou ne devrait-on pas apprendre plutôt à les prendre totalement au sérieux, à y accorder toute l'importance et l'attention que l'on peut accorder aux grandes questions, comme si elles étaient les seules réelles et qu'à travers elles se trouvait *en jeu* l'essentiel? Comme si, en effet, tout, c'est-à-dire le «sens» même de sa vie s'y jouait, se jouait *là*, dans ces détails. Il faudrait alors partir de ceci: aucun geste, aucun acte, aucune parole n'est vraiment insignifiant. Petit, certes, particulier, mais insignifiant, non. Rien de ce que fait ou dit un être humain n'est insignifiant. Le sens est partout, parce que la pensée est partout. Chaque geste humain, chaque acte, chaque parole sont imprégnés de pensée. Le «sens» y est toujours en jeu, de façon concrète. Tel geste, en effet, si inconscient fût-il, est chargé d'implications: que je donne ou non ce coup de téléphone, un «sens» aura été indiqué, une «direction» tracée. Si je l'ai donné, j'aurais pu, en effet, ne pas le faire, mon rapport avec la personne impliquée aurait dès lors pris une tournure différente, se serait infléchi ou orienté autrement. Certes, on peut réfléchir sur l'«autre» en général, le rapport à l'«autre», s'interroger sur ce qu'il en est du «désir», apprendre à «décider» ou «choisir» en conséquence. Voilà, du moins, une orientation «philosophique»: la réflexion précède l'acte, le général préside au particulier. On s'interroge et on essaie de s'éclairer sur le «général» pour ensuite passer au «particulier», «appliquer» les grands principes dégagés. Sans doute est-ce une orientation philosophique respectable.

Cependant, ne doit-on pas se demander : lorsque vient le moment de l'«application» concrète, du geste, de l'acte, jusqu'à quel point le «grand principe» dégagé intervient-il vraiment? Tenter d'y répondre demande de se rendre supérieurement attentif et honnête dans cette attention. À quoi ai-je répondu en agissant? À un principe dont je me suis rappelé, qui m'est «revenu» et m'a guidé? Ou à quelque pensée plus informe, à la limite du formulable? À quelque «sentiment» plus ou moins obscur? À une «impulsion» plus ou moins forte? À un «calcul», nécessairement intéressé? Ne peut-on justement, *à force d'attention* aux phénomènes les plus microscopiques de la vie intérieure, parvenir à éclairer un peu le domaine des motivations réelles et apprendre à s'en rapprocher par la pensée pour savoir si, en deçà des grands principes qui, supposément, nous guident, n'existerait pas une sorte de «boussole» à laquelle on pourrait apprendre à s'en remettre pour se guider réellement, pratiquement?

Se poser ces questions, c'est, pour celui qui écrit présentement du moins, répondre à la fois à un besoin de «vérité» et d'«efficacité». Explorer le domaine des motivations réelles sans s'en faire accroire, apprendre à connaître les forces, les états qui nous meuvent réellement de façon à agir ou à s'exprimer d'une manière qui soit *juste*, *adéquate*, et qui, dès lors, serait « la meilleure » : la « vérité » ainsi approchée n'a rien d'un dogme, c'est d'abord une question de lucidité, mais de lucidité appliquée, non seulement revendiquée ou postulée. Ainsi, je me demande si j'appellerai ou non cet «ami» ce soir, je me sens fort hésitant, rigoureusement «je ne sais pas». Il se peut bien que j'aie réfléchi sur les «vertus de l'amitié» ou encore que j'aie, après «mûre réflexion», comme on dit, «pris une décision » avec l'intention arrêtée, la « volonté » de m'y tenir. Fort bien, mais les « mouvements de l'âme », si l'on me permet l'expression, les « humeurs » sont le plus souvent obscurs et changeants. Je peux vouloir, avoir décidé de « passer par-dessus », de ne pas me laisser arrêter par tout cela, ce magma informe et mouvant, me disant que ce n'est pas « moi », cela, moi qui suis capable de prendre des décisions en toute conscience, qui dirige ma vie, qui sais ce que « je » veux, mieux encore, qui suis un être « rationnel ». Nous voici au beau milieu de ce « champ de bataille » entre le « moi » qui affirme ses droits et sa dignité, bref, sa fierté, et ce magma informe et obscur où se meuvent émotions, impressions, sentiments, impulsions. C'est le « moi » qui ne veut rien savoir de tout cela, pour qui « lucidité » veut dire : ne pas se mêler de ce fond obscur, rester « soi-même », attaché au « trésor » de la conscience héritée, des principes qu'elle s'est donnés, des lois qui la régissent, de la « raison » dont elle se réclame. Le moi qui se proclame ainsi et se réclame de lui-même en même temps que de ce qui le dépasse n'en a pas pour autant fini avec sa vie obscure. Mais il a pris pour parti de n'en point tenir compte ou encore de présumer insignifiant ce qui s'y passe et s'y joue. Il se refuse à « défaillir », à « décliner », comme dirait Nietzsche, à perdre, à « se » perdre. Les dangers sont réputés trop grands, le risque inutile, mais surtout potentiellement néfaste : on sait ce qu'il en fut de ceux qui prêtèrent oreille à ce magma informe et des conséquences (politiques, notamment) qui en découlèrent. La « bonne conscience » politique, en effet, intervient ici. Néanmoins, quant à nous, nous persistons à vouloir séjourner, établir notre séjour *le plus près possible* de ce milieu obscur et mouvant. Nous sentons d'abord et pensons ensuite que tout s'y joue de ce qui nous concerne réellement, que le «moi» prétendu lucide a tendance à s'en faire accroire sur lui-même et ses pouvoirs. Mais surtout sur sa lucidité : que vaut en effet une lucidité qui n'a pas été gagnée sur l'obscurité, quelle est donc la «matière», la «substance» sur laquelle elle s'exerce ? Il est à craindre qu'elle ne renvoie qu'à elle-même, voire que sa référence à la raison ne soit qu'une caution qu'elle procure à une conscience effrayée de sortir d'elle-même. Telle serait la source de cette attitude : une crainte de sortir de soi pour explorer des régions obscures, une crainte de se perdre, une résistance opiniâtre et sourde à toute menace de dissolution, de décomposition. Une crainte aussi, muée en conviction, de ne jamais trouver, si tant est qu'on s'approche de cette région, à nouveau quelque direction, quelque «sens» ou «raison».

Cependant, la plupart des gestes que nous posons, des actes que nous accomplissons le sont avec une certaine insouciance, celle que l'on adopte avec les choses sans importance. Nous réservons la pensée, ce que nous appelons la «réflexion» à des actes réellement «importants», à des situations «décisives», des causes «exemplaires». Voilà qui en vaudrait vraiment la «peine». Mais ce coup de téléphone que j'ai négligé de donner hier soir, parce que..., parce que «j'étais trop occupé», que «ça ne me tentait pas», que «j'avais la tête ailleurs», cette négligence est sans véritable importance. «Je me reprendrai» plus tard. Cependant, dans un tel cas, deux hypothèses d'explication nous paraissent plausibles : ou bien j'ai ainsi manifesté un manque réel d'intérêt, ou bien le contraire : la tentation était très forte, mais le risque appréhendé m'a amené insensiblement à en minimiser l'importance. Certes, j'étais bien occupé, mais «je» me suis laissé occuper. Dans les deux cas, la portée de ce « non-acte » est incontestable, mais à condition seulement que j'y applique ma conscience. Dans le premier cas, saurai-je admettre, m'« avouer » que cette personne, au fond, me laisse indifférent, ou continuerai-je de me faire croire à son importance, en me disant que « je me reprendrai » ? Dans le second cas, saurai-je reconnaître que je résiste à me tourner vers quelque chose qui m'appelle et que je fuis ? Il se peut bien que la conscience préfère se maintenir dans l'empyrée de ses « grandes décisions », de sa « volonté libre » et n'accorder aucune importance à un phénomène aussi évidemment particulier. Dès lors, elle ne verra même pas l'alternative que nous venons de formuler et continuera de voguer à la surface de la mer tumultueuse, comme s'il n'y avait rien en dessous. Si, au contraire, elle tourne son attention vers ce monde des motivations obscures et des actes sans éclat, elle ne pourra échapper à la découverte de cette alternative. Devenue attentive, la conscience apprendra à reconnaître l'importance de ce qui se joue dans ces actes et gestes de tous les jours, découvrira la charge de sens qui s'y trouve attachée et essaiera d'apprendre à y voir plus clair et à repérer peu à peu du sein même de ce monde si obscur et mouvant, quelque « voie » ou « ligne directrice ». Sa tâche alors s'annonce difficile, rien de tel ne se dégageant au départ, mais pourra-t-elle éviter de l'y chercher ? L'exigence de « raison » ne lui est-elle pas consubstantielle ? Y voir clair, tracer une voie, dégager une direction, la pensée consciente peut-elle échapper à cette nécessité ? Au plus fort des ténèbres, au cœur du complexe et de l'inextricable, si tant est qu'on y porte attention, ne cherche-t-on pas encore une lumière, une orientation ?

L'enjeu de cette réflexion n'est-il pas l'orientation du regard de la conscience ? Se tournera-t-il vers quelque

« ciel » rationnel ou idéal ou vers ce que Nietzsche appelle la « terre », c'est-à-dire le milieu d'une certaine appartenance « charnelle », milieu d'abord intérieur au sens où Cézanne disait que « la nature est à l'intérieur » : espace interne de « résonance » des affections externes ? Ainsi entendue, l'intériorité, loin de se confondre avec la vie réflexive consciente, se développe d'abord de façon plus immanente, au plus près de la vie du corps sensible, c'est-à-dire de l'affectivité. N'est-il pas une intériorité de la vie matérielle ou physique hors de laquelle la vie de l'« esprit » n'aurait aucune vraie réalité ou substantialité ? Sous prétexte de conscience, de réflexivité, de lucidité, de rationalité, n'a-t-on pas tendance à vouer au néant ou à l'insignifiance toute une dimension de la vie intérieure plus « corporelle » dont peut-être seraient issus la plupart de nos gestes et décisions les plus impliquants « intimement » ? Avec la caution de la « raison », ne se condamne-t-on pas à vivre à l'aveuglette, au jour le jour ? Au nom de l'« éthique rationnelle » ou de la morale du « bon sens », l'individu ne se trouve-t-il pas voué au tâtonnement obscur ou à l'impulsivité ? N'est-ce pas désespérer de la possibilité de trouver du « sens » dans l'obscur du « corps », une direction dans la multiplicité de nos affections sensibles, c'est-à-dire dans leur répercussion intérieure sous la forme de sentiments, impressions, pensées non encore déliées ? Ce monde interne ne se trouve-t-il pas de la sorte voué au chaos, sous prétexte qu'en s'en approchant on ferait le jeu de « forces dangereuses » ? Mais avons-nous le choix de vivre sur cette « terre » et dans ce corps ? Notre conscience n'y vit-elle pas aussi, n'y est-elle pas immanente ? Par ailleurs, son désir de « raison » n'est-il pas aussi « naturel » que la vie même du corps et des êtres corporels ? À s'abîmer au cœur de ces êtres et surtout de ces êtres que nous sommes, au cœur de leur vie intérieure, une cohérence ne prendra-t-elle pas forme dont, cependant, nous ignorons tout au départ, aussi imprévisible que tous les phénomènes de la vie mais aussi nécessaire et rigoureuse qu'ils le sont? Une raison se cache au cœur de nos sentiments les plus intimes, traverse nos actes les plus quotidiens, déjouant le plus souvent la «grande raison». Cependant, elle est à découvrir, elle ne se résume ni ne s'achève jamais en «grands principes» ou «lois générales». Car *elle se manifeste* dans ce qui se produit et n'a jamais fini de se manifester. Elle réclame de notre conscience une attention de tous les instants, un état d'alerte permanent.

UNE HYPOCRISIE MODERNE

Comment nier qu'un vide se soit ouvert au cœur même de la civilisation comme en chacun, un sentiment de non-coïncidence avec ce qui est, ce qui se présente comme *déjà là*, légué par la tradition ? Un bris dans la chaîne de transmission des valeurs, une interruption dans la continuité de la tradition. Comme si le passé n'était plus le passé... n'avait plus rien à nous livrer et que nous nous trouvions voués à recommencer... comme à zéro. Certes, on ne recommence jamais à zéro, le « comme » est ici essentiel : il indique que tout ce à quoi le passé nous donne accès nécessite d'être réévalué. La manière traditionnelle d'évaluer, la hiérarchie qu'elle constituait ne sauraient plus aller de soi dans un monde où ce n'est plus le groupe, le collectif, qui est premier, mais l'individu. Telle est la révolution la plus radicale à laquelle la culture nous prépare depuis au moins le XVIIᵉ siècle, depuis le geste inaugural de Descartes qui osa se poser, affirmer l'autonomie de sa pensée par rapport à la tradition. Descartes pensait seul, par lui-même, c'est en lui-même plutôt que dans la tradition et les autorités (religieuse et philosophique) qu'il cherchait la source de la pensée et des idées qui lui venaient. S'il parvenait à Dieu, ce n'était plus par l'intermédiaire de la tradition et des autorités, mais immédiatement, de l'intérieur de lui-même. Peut-être faut-il y voir l'équivalent, sur le plan philosophique et dans le contexte de la culture française, du geste fondateur de la Réforme : s'en remettre à sa conscience plutôt qu'aux autorités, accéder à Dieu de l'intérieur de soi plutôt qu'en passant par les autorités. C'est là que prit naissance cette Révolution dans le rapport de l'évaluation à ce qui la fonde. Un pas plus avant que Descartes et la Réforme, nous ne savons même plus si Dieu existe, incapables que nous sommes de nous en remettre à une preuve dûment argumentée. Une confiance sans faille en la Raison le rendait encore possible à Descartes, la certitude qu'au cœur de la pensée, en son fondement, s'impose une Lumière qui ne laisse aucun doute. Cette confiance en la Lumière qui s'impose, à son éclat, à son triomphe, fonde la certitude de Descartes. Cependant, l'effort de raisonnement et de démonstration auquel il se livre a aujourd'hui quelque chose de *forcé*. Derrière cet effort, l'acharnement à prouver, ne décèle-t-on pas aujourd'hui comme une compulsion... celle d'en finir avec, une fois pour toutes, l'hésitation, le doute ? L'édifice paraît trop bien construit pour qu'on n'y soupçonne quelque lézarde, quelque précarité qui le menacerait à tout moment d'effondrement. Comment pourrais-je me sentir *assuré* de mon rapport à la pensée, de ce que ce rapport à la pensée me mette hors de tout doute en relation avec une Lumière qui dissipe toute obscurité ?

Bien sûr, Descartes prétendait, peut-être par prudence ou par ruse, tenir la morale à l'écart de sa mise en doute tout comme de sa découverte. C'est dans le pur domaine de la connaissance qu'il prétendait parvenir à la certitude, laissant bizarrement aux approximations de l'expérience et de la tradition le soin de nous guider dans l'existence. Prudence ? Saine contradiction qui préserve le champ de la liberté, d'une certaine indétermination de l'expérience, tout en s'assurant d'un principe certain dans le domaine de la connaissance des choses extérieures ? Difficile de répondre, sauf que, peu après, Spinoza, muni de la Lumière de la découverte cartésienne, n'hésitera pas à la faire resplendir dans le domaine de la conduite humaine, se désintéressant même totalement des problèmes de physique ou. de mathématique. C'est dans le domaine éthique exclusivement que Spinoza fera jouer toutes les implications de la découverte cartésienne. Mais comment ne l'aurait-on pas fait ? Si une Lumière peut ainsi s'imposer du fond de soi-même, comment n'en userait-on pas pour la conduite de sa vie et la réserverait-on à la connaissance de phénomènes qui nous restent extérieurs ? Comment justifier au sein même de l'expérience de l'être connaissant une telle séparation entre la gouverne de son existence et la compréhension du monde dans lequel il vit ? Comment serais-je lucide dans un domaine et cesserais-je de l'être dans un autre qui me touche encore de plus près ? Certes, s'il me touche de plus près, la difficulté s'en trouve accrue, mais n'est-ce pas alors le caractère proprement subversif de la recherche *en soi-même* du fondement de la morale qui ressort, de ce qu'il y a de subversif surtout à affirmer que, chacun étant descendu en lui-même et ayant fait l'effort d'une réflexion rigoureuse, il pourra découvrir une *direction* qui, si elle n'est pas hors de tout doute, s'approche du moins du maximum de certitude qu'on puisse atteindre ? Dès lors, posant tel geste, affirmant telle pensée ou telle parole, je pourrais être justifié de penser que je ne me trompe pas, que c'est bien là *ce qu'il faut* que je fasse ou dise.

Mais la terre a tremblé... depuis que nous savons que « Dieu est mort », selon la parole de Zarathoustra-Nietzsche. Toutefois, le savons-nous ? Ou ne sommes-nous pas comme tous ceux-là sur la place publique qui n'entendent rien, se moquent de celui qui le leur crie, ou sommes-nous plutôt de ceux qui, tels Oreste et Électre, désormais sans père ni mère, appellent une autre loi ? À ceux-là, qu'est-il proposé d'autre que la quête du bien-être dans l'ignorance absolue de toute autre exigence ? Si l'individu, du cœur de ce qui le rend singulier, peut découvrir une direction, en d'autres mots, une *raison*, comment pourrait-on exiger de lui qu'il se conforme à des valeurs morales, du simple fait qu'elles lui seraient léguées par la Tradition ? S'il est constitutif de ce qu'on appelle la Modernité de mettre en question la Tradition comme Référence et Autorité en science, comment pourrait-elle continuer de l'être dans le domaine de la conduite de l'existence ? Exaltant le pouvoir de connaissance de l'homme dans le domaine des sciences de la nature, au nom de quoi pourrait-on demander à la même personne à laquelle on s'adresse de se plier à l'autorité dans le domaine des mœurs et de son comportement ? Nous voilà ici ramenés à la contradiction de la démarche cartésienne et obligés de constater que cette contradiction dessine étrangement la configuration du problème qui se pose à la civilisation occidentale, dans son état présent.

Dans quel monde vivons-nous en effet, sinon un monde dans lequel, d'une part, on exalte la Raison scientifique, c'est-à-dire la puissance de l'homme dans le domaine de la connaissance de la nature, et d'autre part, la nécessité de se conformer aux valeurs morales les plus

traditionnelles dont le creuset indépassable serait la
famille qui ne devrait jamais rester très loin de l'Église
(quelle qu'elle soit)? Les mêmes (politiciens, hommes
d'affaires, journalistes, etc.) qui se font les chantres du
scientisme et de l'industrialisation à outrance, exaltent la
famille, les valeurs dont elle serait porteuse et se réfèrent à
la Tradition fondatrice de toute morale avec un trémolo
dans la voix. Pourtant, le développement scientifique
avec ses implications industrielles et techniques, d'une
part, affirme la puissance de l'intelligence et de la capacité
de compréhension de l'homme, c'est-à-dire de l'individu
qui cherche, expérimente et découvre des lois; d'autre part,
contribue à dissoudre les communautés traditionnelles et
à faire éclater les familles, en organisant le travail de telle
sorte qu'il extrait l'individu de toute communauté d'appartenance. Dès lors, comment ceux-là mêmes qui se font les
agents et promoteurs d'une telle entreprise peuvent-ils, du
même souffle, comme c'est souvent le cas, promouvoir le
respect des valeurs traditionnelles et défendre la famille
comme creuset de ces valeurs? Bref, on est amené à constater que la prudence cartésienne avec la contradiction
théorique et pratique qu'elle implique, conduit à une
forme tout à fait particulière et moderne d'*hypocrisie*.

Cette dernière n'est donc plus à chercher comme
autrefois dans la contradiction entre les valeurs héritées
de la religion et celles réellement suivies par l'individu,
mais plutôt dans la contradiction entre la valorisation de
la Raison dans un champ et son exclusion dans un autre,
étant entendu sans doute que le «libre examen» protestant
a débouché non sur une véritable autonomie morale mais
sur une nouvelle forme de conformisme. Cette nouvelle
modalité d'hypocrisie repose en dernière instance sur le

maintien de «valeurs périmées», pour reprendre la formule de Heidegger, parallèlement à l'effort moderne de rationalisation et d'industrialisation. C'est ce que, pratiquement, veut dire la non-reconnaissance de la «mort de Dieu» à notre époque, ou, si l'on préfère, le règne du «comme si», bien illustré par ces «derniers hommes» évoqués par Nietzsche, qui «clignent de l'œil», fatigués à la seule pensée d'avoir à évaluer par eux-mêmes. «Nous avons inventé le bonheur», disent-ils, c'est-à-dire la vie humaine enfin sans effort, avec pour tout horizon le bien-être, l'enrichissement collectif et l'assoupissement dans le loisir organisé. Certes, nous savons bien (au fond) que la vie humaine ne peut se vivre sans évaluer à chaque instant, sans estimer, peser, juger le moindre geste, la moindre parole : l'homme, celui qui évalue, écrivait Nietzsche. Nous savons bien, en conséquence, qu'elle ne peut se vivre sans un «système de valeurs» ou de Référence. Hors la Référence, l'Étalon, comment juger ? Si, cependant, notre étalon réel est à vrai dire inavouable (au regard de ce que «fut», de ce qu'est l'homme), ne préférerons-nous pas nous faire croire ainsi qu'à «nos enfants» que nous évaluons «comme avant», que la Référence est restée la même, qu'il n'y a pas en conséquence discontinuité, encore moins rupture ? Le «Père» régnerait encore et, avec lui, la Loi. Nous ne l'aurions jamais tué mais *continuerions* d'y croire. Mais comment «nos enfants» croiraient-ils ceux qui leur parlent ainsi, alors qu'ils les voient agir, les entendent parler et les observent chaque jour jugeant, estimant, évaluant ? Que peuvent-ils retenir de ce qui *vaut* pour eux ? L'incitation incessante à «réussir dans la vie», à se trouver «un bon travail», à «gagner de l'argent», à pouvoir «se payer» tel bien matériel, l'importance accordée

au « paraître », de manière générale l'horizon du « bien-
être » souvent appelé « bonheur » comme seul horizon,
n'est-ce pas ce qui risque de s'imposer comme « valeurs » ?
Dès lors, comment ces « enfants » croiraient-ils à la Référence traditionnelle, idéale ou religieuse ? Ne voient-ils
pas tous les jours ce qu'est *la vraie* Référence ? Comment
ne seraient-ils pas amenés à penser que l'autre Référence
n'est qu'une façade que l'on maintient pour ne pas
avouer... le vide, ou, si l'on veut, la vraie Référence ? Mais
en quoi serait-elle donc inavouable sinon sans doute,
comme nous le suggérions, en ce qu'elle serait en deçà de
ce qui fit longtemps la dignité de l'homme... dans le passé :
le rapport à un au-delà, l'obligation de l'effort, c'est-à-dire
d'un certain « sacrifice » pour donner valeur à... ; le refus
exprimé par l'homme à travers religions, philosophies,
morales de consentir à ce que son destin se réduise à reproduire l'existence, à se reproduire, fût-ce avec toujours plus
de confort et de bien-être ? « Effort », « sacrifice » doivent
ici être entendus hors de toute connotation a priori religieuse, en leur sens propre. Comme « évaluer » implique
élire, choisir, préférer, en vertu d'un « désir » ou d'une
« tension vers... » autre chose, au-delà de soi, dans le sens
d'un dépassement (de soi et de ce qui est déjà là, « donné »),
comment cela n'impliquerait-il pas de renoncer à ce qui est
d'accès plus facile et paraît immédiatement plus plaisant ?
Chacun sent, s'il ne le sait pas d'un savoir thétique, que
là se trouve la « grandeur » ou l'éminence de l'homme :
l'être qui ne se satisfait pas de ce qui est « donné », qui se
distingue de l'animal en ce qu'il est toujours porté au delà,
ailleurs, vers un horizon qui se profile bien au-dessus de lui.
Dès lors, comment avouer que l'on a, en pratique, renoncé
à poursuivre un tel au-delà, qu'à force de démissions et de

lâchetés accumulées, à la faveur de la «fatigue» ou d'un sourd désespoir, on a consenti à se satisfaire du bien-être comme «horizon» et à appeler cela «bonheur»? Aussi préfère-t-on faire «comme si» et continuer à se référer à l'échelle traditionnelle de valeurs, sans pourtant y croire. Il y a tout avantage à nous dissimuler la réalité de notre situation morale, parce qu'autrement l'implication serait immédiate: si «Dieu est mort», nous sommes en panne et en mal de Référence, la vie humaine est menacée de ne plus avoir de sens. Aucun sens n'étant plus d'emblée garanti, il incombe à chacun, de l'intérieur de lui-même et par lui-même, de se mettre en quête d'une manière nouvelle de donner un sens à son existence en lui conférant une valeur aussi élevée qu'elle put l'être dans le passé. «Dieu est mort» implique une nécessité et une urgence, comme si, désormais, chacun se trouvait un peu dans la situation de Descartes au XVIIe siècle, voué à chercher en lui-même et par lui-même la source, la Lumière, la raison, mais sans se dissimuler que l'existence entière s'en trouvera saisie et non seulement sa part cognitive. Qui sait si, descendant au fond de soi, la Lumière de ce qui s'est appelé «Dieu» ne brillera pas à nouveau pour celui qui aura cherché honnêtement? Ne faut-il pas, paradoxalement, commencer par admettre la «mort de Dieu», c'est-à-dire d'une certaine manière d'évaluer transmise par l'Histoire à des communautés organiques, pour devenir capable d'une redécouverte de «Dieu», entendu en un sens inédit? Si «Dieu» est, renonçant pour l'instant à tenter de définir ce que nous appellerions ainsi, pourquoi ne logerait-il pas au cœur de ce qui est, dans l'obscurité intime de l'être, plutôt que pré-ordonnant de l'extérieur et de loin l'être de ce qui est? Le Dieu qui domine et dirige s'adressait à des

communautés. À partir du moment où apparaît l'individu,
le sujet qui cherche et pense par lui-même, «Dieu» n'est
plus transmis ni hérité, il n'est plus déjà là tel un garant de
ce qui est et de ma propre existence, mais fait l'objet d'une
découverte par chacun au cœur même du plus précaire et
du plus singulier. Loin de supprimer cette précarité, il la
rend plus sensible que jamais. C'est la finitude qui advient
à elle-même et à son propre dépassement. La fragilité des
choses et des êtres rendue à la pure merveille de leur
apparaître.

UNE NOUVELLE SAISON DU MONDE

« Un moment vient, lit-on dans le commentaire de Marcel Conche des *Fragments* d'Anaximandre, où ce n'est plus le monde que c'était. Les mondes passent – les "mondes", c'est-à-dire les figures, les visages successifs de ce qui se manifeste au sein d'un même *ouranos*... » Le commentateur compare cette succession des « mondes » à celle des saisons. Vers la fin d'une saison se fait peu à peu, par avancées successives, sentir la venue d'une autre. Certaines avancées sont plus marquées, plus accentuées que d'autres. La saison finissante s'en trouve comme déséquilibrée, de plus en plus « creusée » par une autre, jusqu'à ce que l'on se retrouve subitement dirait-on, dans un autre « monde », ou, si l'on veut, une autre « figure » du monde. Il en irait de même des « périodes » ou figures successives de l'histoire des hommes. Or, cette histoire est aussi et sans doute d'abord, comme Nietzsche le laisse entendre, l'histoire des systèmes d'évaluation ou manières d'évaluer des hommes. Comme il existe des microclimats ou des saisons intermédiaires, on peut repérer des changements à l'intérieur d'une même manière d'évaluer, lesquels, le plus souvent, ouvrent la voie à un changement plus radical, une «révolution». Peu à peu, dirait-on, le «présent», la période dans laquelle nous sommes, est «creusé» par l'avenir, jusqu'à ce que le «creux» soit devenu aussi profond qu'un abîme. Alors, tout bascule. Plus rien n'est pareil, rien n'est comme avant. C'est probablement de cette expérience de l'abîme qui se creuse qu'on essaie de rendre compte en parlant de «déclin». En ce sens, rien de ce qui s'affirme «sous le soleil», rien de ce qui vient au jour, au monde, n'est protégé du déclin. Toute affirmation, tout avènement, toute création porte en elle ce qui la conduira à sa fin. Son existence manifeste la victoire du positif, du «vivant», de ce qui s'impose et dure, mais cette victoire étant remportée sur un «autre», cet «autre» n'en est pas pour autant supprimé. L'«autre» n'est pas éliminé, car, au fond, il porte le secret du premier, il en est la secrète condition d'existence, ce avec quoi a lutté le premier pour advenir, pour «venir au monde». La «venue au monde», l'apparition, l'éclosion portent la marque de l'exceptionnel, du provisoire. Il y a toujours «miracle» à ce que quelque chose apparaisse. Ce qui est apparu aurait fort bien pu ne pas apparaître, ce qui s'est affirmé ne pas s'affirmer. Certaines conditions se sont avérées propices qui auraient pu ne pas être réunies, mais les conditions elles-mêmes ne suffisent pas à rendre compte du surgissement, de l'avènement. Celui-ci est de l'ordre du toujours inattendu, du toujours nouveau : il excède les conditions qui l'ont rendu possible, sans doute provient-il d'une sorte d'exaspération de ce qui était déjà là, tenaillé, travaillé par des forces extrêmes en lutte qui, devenues inconciliables, provoquent le surgissement d'autre chose, tout à fait imprévisible et proprement inouï, irréductible à aucune des forces en lutte : il ne représente

donc pas la victoire de l'une sur l'autre, c'est un « troisième
terme » qui, loin de se réduire aux deux premiers, lorsqu'il
apparaît, les relègue à l'écart, à l'ombre en les congédiant.
Ainsi, « Antigone » apparaît-elle, « produit » de la
lutte de ses deux frères, portés à l'extrême l'un de l'autre.
« Antigone », en réalité, ne leur préexistait pas. Certes,
elle était bien née et « vivante », mais elle n'était pas
encore *apparue*. C'est la lutte exacerbée de ses deux frères
qui l'a fait apparaître, dans son absolue singularité, comme
incarnation et symbolisation d'« autre chose », d'un « ailleurs »
irréductible, comme « figure » nouvelle. « Antigone » n'est
plus de ceux qui luttent pour ou contre leur patrie. Sa
« patrie » est ailleurs. De la lutte de ses deux frères est
surgie une nouvelle « Antigone » qui n'a plus rien à voir
avec celle qui fut leur sœur. Avec elle est apparue une
autre, une « nouvelle patrie », un « nouveau monde ».
Aussi la *loi* dont elle se réclame n'a-t-elle plus grand-
chose à voir avec celle qui gouverne les cités ni d'ailleurs
avec elle-même, celle qu'elle fut. Elle est portée par la loi
plus qu'elle ne la porte, déportée, transportée. Ce qu'elle
trouve en elle-même lui est venu plus qu'elle ne l'a
inventé. Son geste, son acte précède sa référence. C'est
son geste qui engendre sa référence. Rendant son frère à la
terre, elle dépouille la Cité de toute autorité, elle fait fi de
cette référence, et, du même coup, en impose une autre
qui s'est imposée à elle. La rupture a eu lieu dont elle est
l'événement. Le creux fut tel qu'il a cassé, provoqué la rupture de ce qui régnait jusque-là. Certes, *cela* continuera
bien d'« exister », mais le terme plus juste serait « subsister »,
« survivre », ou « se survivre ». L'« ancien », le déjà là se
survit ainsi longtemps (*peut* se survivre longtemps), et,
parfois même, il semble qu'un « retour » se soit effectué,

qui nous « ramènerait » à ce qui fut, nous faisant revenir à la « tradition ». Ces « retours », comme certaines scènes au cinéma, « font tellement réel » qu'on croirait y être ou, comme on dit à propos de certains tableaux, tellement réel « qu'on croirait y toucher ». Nombreux sont ceux qui s'en trouvent abusés et qui saisissent là l'occasion de discréditer ce qui avait commencé de changer, qui les inquiétait en raison du chambardement des habitudes de pensée et de vie s'y trouvant impliqué. Prompts sont-ils à « rappeler » les « nobles valeurs » que portait l'ordre ancien et à en réaffirmer, avec le pathos de circonstance, l'éternité, leur caractère de « fondement » indépassable. Ainsi note-t-on dans certaines maladies des « périodes de rémission » qui peuvent faire illusion pendant assez longtemps. Illusions bien « réelles » cependant, peut-on dire, en ce qu'elles empêchent pendant un certain temps la discontinuité advenue de produire immédiatement ses effets. Pourtant la « cassure » a bien eu lieu, l'abîme s'est ouvert, la chute, le déclin ont commencé. Sur le plan des saisons, « l'été indien » représente un phénomène du même ordre. De même, dans l'histoire des hommes, les périodes de révolution, c'est-à-dire de cassure plus ou moins subite et violente, sont généralement suivies de « restaurations » qui permettent d'absorber le choc advenu, de manière à ce que son potentiel destructeur n'entraîne pas toute la « réalité » avec lui. Mais ce n'est là qu'un moment sur la voie de l'avènement d'une nouvelle réalité, qui, loin d'en conjurer ou enrayer l'avènement, permet plutôt son absorption, son intériorisation par les existants, le plus souvent à leur insu, alors même qu'ils peuvent se croire « revenus » à ce qui était. On s'essaie au « compromis », mais les compromis permettent seulement de gagner du

temps et de se donner plus de consistance et de force pour
«vivre avec» les effets de la cassure, c'est-à-dire l'avènement
d'un «nouveau monde», d'un «nouvel ordre des choses»,
d'une nouvelle «figure» de la réalité. Cependant, le
sentiment du caractère provisoire de ces périodes de
restauration ne s'en fait pas moins sentir. Un certain état
de non-coïncidence avec ce qui est peut être éprouvé d'une
manière suffisamment répandue pour qu'une inquiétude
larvée se fasse jour dans les interstices du corps social,
spécialement en ses points ou régions les plus faibles qui
ne profitent pas autant que d'autres des avantages de la
restauration.

S'il est ainsi des «périodes», c'est que nous vivons
dans le temps. Or, «vivre dans le temps» veut dire : apparaître et décliner, la période entre les deux étant celle où
un «nouveau réel» peu à peu prend consistance. Mais il
peut être long à parvenir à maturité. Dès lors qu'il y est
parvenu, il se trouve à son tour de plus en plus travaillé par
un autre qui le mine peu à peu jusqu'à ce que autre chose
apparaisse, qui n'aura pas plus le visage de ce qui a miné
que de ce qui dominait. Autrement dit, ce qui travaille à
mon déclin n'est pas ce qui me succédera. Tel est le régime
de l'avènement des figures du monde comme singularités,
entités neuves irréductibles, surgissements originaires,
l'origine n'étant pas plus au début qu'à la fin mais *là* où
surgit, se met à être une figure nouvelle. «Origine», cet
automne qui vient d'apparaître, «origine», ce texte qui
s'écrit. Mais «origine» plus décisive la singularité qui,
présentement, s'écrit, s'invente dans l'écriture, «origine»
plus décisive encore le «monde» dont cette singularité est
une «production», «monde» à la fois historique et naturel.
L'expérience du «temps» que nous, humains, faisons si

difficilement tient à l'expérience de l'apparaître et du disparaître à laquelle nous n'échappons jamais. Y a-t-il une autre «éternité» que celle du temps qui passe, du cycle de ce qui apparaît et disparaît? Certes, l'éternité nous travaille, mais n'est-ce pas surtout dans les périodes de retombée, celles où, une discontinuité étant advenue, l'on s'empresse de la conjurer en se rendant attentifs à ce qui, supposément, dure et ne passe pas, comme «les valeurs» dont cette discontinuité aurait fallacieusement menacé de nous couper? «Illusion» aurait-elle été en ce sens, dégénérescence, chaos, folie, excès dont nous serions maintenant bien «revenus». Bien sûr, il s'agit de la «mauvaise éternité», qui est invoquée par défaut, non de celle qui œuvre à travers le temps à faire advenir le perpétuellement «nouveau», l'autre de ce qui est qui ne s'atteint pourtant que de l'intérieur de ce qui est. À travers le recours à cette «mauvaise éternité», il est présumé de la continuité de ce qui fut, étant entendu que ce qui s'est déjà affirmé, de par sa vertu intrinsèque, s'est élevé à un degré qui lui vaut l'éternité. Cette revendication d'éternité de ce qui s'est une fois affirmé ne revient-elle pas à figer un moment, comme s'il n'était pas apparu et ne devrait pas disparaître, mais surtout à refuser de reconnaître que ce qui s'est affirmé d'inouï n'affirmera sa valeur d'inouï que si, à travers les vicissitudes du temps et de tout ce qui apparaît et disparaît «sous le soleil», il trouve assez de force pour re-naître, ré-apparaître, assurant ainsi la «per-manence» d'un certain monde à travers son impermanence reconnue et admise. Un monde «qui dure», qu'il s'agisse d'un «monde» au sens physique ou au sens historique, c'est-à-dire une *civilisation*, n'est-il pas un monde dont, périodiquement, l'origine peut re-vivre, re-naître, plutôt qu'une entité disposant au départ de quelque fondement « substantiel » inaltérable dont on s'éloignerait ou se rapprocherait à travers le « temps » ? Dans cette dernière conception, le temps ne serait jamais qu'une illusion, ce qui apparaît d'*autre* (c'est-à-dire tout ce qui *apparaît*) n'ayant d'existence et de vertu que « relative ». Le temps et ce qui apparaît dans le temps serait toujours une « chute » par rapport à ce point ou moment premier. Ce qui serait « sauvé » serait ce qui, sautant par-dessus le temps, réussirait à se rattacher à ce moment premier, en en retrouvant le sens depuis toujours déjà établi et défini. Pour les tenants du « fondement substantiel », il n'est pas tant question de ré-actualiser l'origine, ce que seule rend possible la discontinuité consentie, c'est-à-dire la « révolution permanente », que de préserver la continuité de ce qui fut en prônant, à chaque époque nouvelle, le « retour à ce qui fut » (sans, cependant, reconnaître que, si « époque nouvelle » il y a, c'est qu'il y eut discontinuité). Les tenants du « retour au fondement » s'appellent aujourd'hui fort justement « fondamentalistes » et s'opposent à ceux qui, prenant acte d'une discontinuité advenue, promeuvent des valeurs nouvelles, en les accusant de corruption, dégénérescence, etc. Ces derniers, fort souvent, se défendent fort mal et sentent le besoin de se justifier au regard des tenants du fondement, comme s'ils assumaient mal leur propre position et se sentaient coupables d'affirmer autre chose. La culpabilité tiendrait à la nécessité d'avouer, lorsqu'on promeut autre chose, le « devoir » de subvertir, voire de « détruire » ce qui était déjà là, comme « établi » : mettre en question, ébranler, déconsidérer une certaine figure de ce qui est advenu pour ressusciter l'origine à travers une nouvelle figure.

L'impermanence domine à partir du moment où on admet qu'un monde est créé. Pour qu'il advienne à l'être, en effet, il aura fallu qu'il s'arrache au non-être, qu'il survienne et apparaisse. Par «monde», nous entendons ainsi une «combinaison», ou, si l'on veut, re-trouvant le sens premier de «cosmos», un *arrangement* absolument singulier d'éléments indissociables les uns des autres et répondant à une cohérence interne qui en assure la cohésion. Un tel «monde» correspond à ce que fait apparaître tout artiste véritable : son œuvre est singulière, quoiqu'elle emprunte ici et là, en ce que l'arrangement produit, loin de n'être qu'une répétition du déjà-là, en est une re-prise, un remaniement à la faveur duquel resurgit l'origine, toujours irréductible au déjà-là. Il invente un nouveau mode de voir et de percevoir qui fait fi de la référence antérieure. Plutôt que de «moduler» une figure sous l'égide de cette dernière, il en institue une nouvelle qui est à elle-même sa propre référence. À partir de son geste, non seulement a-t-il «créé» sa propre œuvre, mais c'est un nouveau mode de perception et de vision qu'il a inauguré, déclassant ce qui précédait, de telle sorte que les artistes qui viendront après lui ne pourront pendant longtemps que se faire exister à l'intérieur de ce monde. N'en est-il pas ainsi du surgissement de ce qu'on a appelé «l'art moderne», à partir de Cézanne particulièrement? N'en est-il pas de même, sur le plan philosophico-moral, à partir de Nietzsche et de Kierkegaard, en dépit de leur orientations différentes, l'un et l'autre «avouant» que la philosophie est «invention d'un monde» comme l'art et que le philosophe est accoucheur de lui-même comme singularité. L'un et l'autre cessent d'être des «figures du Même», versions renouvelées d'une même «Histoire», d'une même Tradition suspendue à un même fondement pour oser se produire comme singularités, c'est-à-dire ré-actualisations irréductibles de l'Origine. N'est-ce pas toute notre époque qui apparaît ainsi comme un « monde nouveau » à partir de ces fulgurances, ré-actualisant ce qui était en jeu à l'origine même de la civilisation occidentale chez les pré-socratiques (spécialement Héraclite, Parménide, Anaximandre) : le « philosophe occidental » ne se donnait plus comme un « sage » au service de la Tradition, mais, détaché de cette dernière, inventait son « monde », réinventait le monde à partir de son regard propre, et s'inventait lui-même du même coup.

La révolution philosophique et morale qui est à la source du « monde » dans lequel nous sommes maintenant lancés, répond en écho de façon saisissante à celle qui s'est produite en même temps dans le domaine des arts plastiques (pour ne parler que de ceux-là, tous les arts y compris la littérature s'en trouvant atteints). Toute référence substantialiste à un fondement se trouve mise en question, en même temps que tout « monde a priori » des idées, absolu et éternel. Ce que l'on a longtemps appelé « nature », c'est-à-dire la φυσισ, est re-découverte, non plus « spectacle » ou « décor » mais puissance agissante, non seulement en dehors de nous mais d'abord en nous : « la nature est à l'intérieur », dit Cézanne. Une discontinuité advient avec tout fondamentalisme : c'est l'ère des « singularités », de l'invention des « mondes » qui commence ou, si l'on veut : l'aveu, le rendu – manifeste de ce qui, dans la Tradition, ne se présentait que comme figures de la Référence, même si, de toutes parts, cette dernière se trouvait excédée.

Dès lors, faisons-nous face au chaos ? Le chaos est-il notre destin annoncé ? Toute l'histoire du XXᵉ siècle témoigne de cette discontinuité advenue. La tentation du retour à ce qui fut, la fascination de la Référence sont plus fortes que jamais, avec, comme corollaire, la présentation de notre époque, de ce siècle finissant comme une vaste erreur, une errance hors de la Voie depuis longtemps tracée. Cette tendance ressortit à ce que nous désignions ci-haut sous le terme de «Restauration», qui n'annule en rien la cassure advenue mais permet de reprendre ses forces avant qu'elle ne produise tous ses effets. Les plus décisifs de ceux-ci sont sans doute à venir, le XXᵉ siècle ayant donné large mesure à la dimension destructive de cette cassure en même temps que, spécialement dans le domaine de l'art, il donna à entrevoir ce que veut dire production et cœxistence de «mondes» multiples, surgissement de singularités irréductibles. Le «monde» dans lequel nous sommes entrés est celui de la multiplicité advenue ou avouée des mondes, de leur coexistence à la fois polémique et pacifique. Le grand ennemi reste le fondamentalisme et l'esprit réactif, dont les nationalismes et les intégrismes religieux sont autant de figures. Peut-être, finalement, cette idée de ce que veut dire «créer un monde» dans le sillage de ce que veut dire «nature», cette intuition de surgissements irréductibles, d'apparitions qui ne se ramènent à aucune de leurs conditions, est-elle celle qui a donné naissance et cohérence à cette formation unique qui s'appelle «Occident» plus que le culte de l'Idée et de la Raison conçues comme des entités abstraites et absolues, des Modèles dont toute la réalité subséquente ne serait qu'une illustration. Il faut re-tracer l'exigence qui est à leur origine, l'invention à laquelle ils donnent prétexte en chaque œuvre philosophique originale en résistant à la tentation de les figer en Entités tutélaires ou Fondements indépassables.

MISER SUR...
QUELQUE CHOSE

«Si tu as de la chance, écrit Nietzsche dans le *Zarathoustra*, tu n'as qu'une seule vertu...»; «c'est un destin difficile d'en avoir plusieurs», ajoute-t-il. La réalité première du milieu intérieur serait celle du chaos, de l'incohérence affective et pulsionnelle. Par *chance*, il pourrait arriver que l'on s'en sorte, qu'une «vertu», ou, si l'on veut, une «passion» («De tes passions, tu as fait des vertus.») l'emporte sur les autres, sans conteste, et mette un terme, du moins provisoire, à cette incohérence. C'est une question de «chance». L'unité, l'unification, du point de vue de Nietzsche, est aléatoire. La nécessité est fille du hasard. Relativement à son existence, à ce qu'il faudrait peut-être appeler son destin, chacun serait passif, livré au hasard. Certes, tu as de la chance si tu n'as qu'*une* seule vertu. Tu as de la chance si, de l'intérieur de ce que tu es, tu parviens à t'unifier. L'unification des passions est en effet la condition de leur efficacité, c'est-à-dire de leur issue créatrice. Cependant, dans l'esprit de Nietzsche, rien ne saurait à l'avance garantir l'unité. Sans parler même de «garantie», rien n'assure ni même favorise que l'*un* finisse par l'emporter; si jamais il l'emportait, il faudrait encore s'attendre à ce que *revienne* envers et contre l'unité la cohorte innombrable du multiple. Le chaos n'est jamais loin. C'est l'état premier, le milieu premier : la dissolution. La « substance » ébranlée dans sa positivité, le néant s'introduit : dissolution de toutes les formes constituées, métamorphoses infinies. Le seul infini, désormais : le mouvement de ce qui naît, se défait, renaît pour se défaire encore. Éternité du retour. Du même, en tant que devenir-autre perpétuel, anti-« substance » en ce sens. Le monde dans lequel on vit, l'être auquel on se rapporte sont dépourvus de toute stabilité, cohérence, continuité, unité. L'Un, décidément, n'est pas premier. Hasard, chance, évanescence. Apparition, disparition. Pourquoi ? La question elle-même ne se pose pas. Ne se pose plus. Il n'y a pas de cause, surtout pas de Cause. L'être est abandonné. L'être : ce qui est, le monde, la nature, l'homme. Nous, les hommes, devons apprendre à vivre dans le provisoire, du sein de ce qui n'est jamais donné, livrés à ce qui advient, c'est-à-dire ce qui vient et revient. Le sens ? Problématique, et probablement illusoire, en tous cas, passager. Éclair au milieu de la nuit, ou plutôt faible lueur, à laquelle il n'est jamais permis de s'en remettre ou de s'attacher trop exclusivement. Flux et reflux. Le mouvement de la mer est la métaphore même de l'existence, plus encore, de l'être.

Et pourtant, nous avions cru... pouvoir *miser* sur quelque chose plutôt que rien. Nous avions présumé d'une certaine « substantialité » du monde, parié sur une certaine consistance. Sans cependant nous rendre compte qu'il s'agissait bien d'un pari. Sauf Pascal, qui parie sur l'infini. Mais il faut bien que l'infini soit quelque chose, et pas rien. Certes, nous ne sommes sûrs de rien. Pascal l'avait bien compris. «Descartes, inutile et incertain», écrit-il, mettant le doigt sur le «point faible» de Descartes : cette passion, cette folie de certitude, qui mène sa philosophie à se fixer, voire à se figer. D'où l'intérêt de réfléchir à cet étrange contraste entre l'errance de sa vie, son incapacité de se fixer, comme il le dit lui-même, ce goût de la liberté qu'il n'arrive même pas à justifier au point d'admettre qu'il puisse l'emporter sur la certitude des «idées claires et distinctes» et l'affirmation de sa vérité première, «je pense, donc je suis», dont on pourrait être ravi comme d'un éclair de lucidité, une illumination de la pensée, s'il n'entreprenait de le fonder en Dieu d'une manière absolue (encore qu'il ne s'agisse ici que d'une interprétation sans doute trop facile, ce recours à l'infini pouvant s'entendre aussi d'une ouverture sans limites du «je» à l'altérité qui le fait être). Néanmoins, l'on ne peut nier chez Descartes cette passion de la certitude, cette recherche du premier principe, de l'idée claire et distincte qui ne laisse aucun doute, des déductions rigoureuses, de la simplicité mathématique. D'où ce drôle d'écart entre l'existence en ce qu'elle comporte d'indéterminé et la pensée. Écart qui n'échappe certes pas à Descartes, mais que le mouvement de sa pensée ou plutôt sa construction proprement dite, tend à résorber. Le monde théorique, comme souvent chez les philosophes incapables d'admettre le caractère «poétique» de leur démarche, tend à occulter cet écart en se rendant autosuffisant et en se fondant dans une «substantialité» qu'on se fait fort d'établir et de prouver. Dans cet effort titanesque, quelque chose se perd, difficile à prouver, à la limite de l'insaisissable : un «fil conducteur» que seule l'intuition éclairée peut détecter et suivre. Plutôt que de s'orienter vers la «sagesse» qui n'est jamais sans divination, on s'efforce vers la « science » avec une visée apodictique. L'« ami de la sagesse » devient le porte-flambeau de la « science » avec ce que cela implique de « sérieux » social et institutionnel. Avec le sens de l'écart et du jeu, un certain humour s'est perdu, et peut-être aussi, avec la liberté, un certain sens de la vérité, non pas celle qu'on obtient, mais celle, élusive, qu'on découvre et qui nous illumine au passage.

Néanmoins, *miser* sur quelque chose plutôt que rien. Parier sur une certaine forme de substantialité. Tel le funambule qui fait le pari de la possibilité de se tenir, comme miraculeusement, au-dessus du vide : que le fil tienne et se maintienne. Que lui-même tienne et se maintienne de son côté. Plutôt que le contraire : que ça cède, se brise, s'effondre. Qu'on pense à l'image du funambule dans le *Zarathoustra* de Nietzsche. Il tombe en effet. Son corps va choir parmi la foule, qui s'écarte. Et Zarathoustra de lui dire : « Tu as fait du péril ton destin : ainsi tu as dépassé l'homme. L' "âme", cela n'existe pas. Meurs en paix. » Mais pourquoi n'aurait-il pas traversé ? Atteint l'autre côté ? Réussi ? Avec quelque art, il y serait parvenu. Quel est ce trouble qui le déséquilibre et le fait tomber ? Nietzsche a raison : ce trouble est possible, le chaos, la mort le guettent. Image saisissante du destin de l'homme. Le néant veille. Bien plus qu'on ne pourrait, qu'on aimerait le croire. Il est en nous, intime tentation. Chacun vit chaque jour dans un rapport intime avec la possibilité d'un manque, d'une chute, d'un effondrement. L'effroi nous guette à l'intérieur. Cependant, nous continuons, nous persistons. Et forcément, nous ne pouvons continuer et persister que dans ce que nous sommes. Ainsi en va-t-il d'ailleurs de chaque être, de chaque chose.

Persister dans ce que je suis : qu'est-ce à dire ? Suis-je quelque substance, comme dirait Descartes, quelque « essence », selon Spinoza ? Qu'importent les termes ! Ne pourrait-on supposer quelque « noyau » irréductible, constant, permanent à l'intérieur de cet être que je suis, en vertu duquel je me tiendrais et me maintiendrais, me développerais et me déploierais, auquel finalement je pourrais m'en remettre lorsque je risque de tomber, du sein duquel je pourrais parvenir à « me » ressaisir ? Miracle de ce qui continue envers et contre... malgré..., et surtout, dans un même sens... Certes, il m'arrive souvent d'être égaré, manquant, défaillant : « qu'en est-il de moi ? » suis-je alors amené à me demander. Et de me désespérer... et de m'accrocher en conséquence à ce qui n'est pas moi... Descartes avait raison : je ne puis faire que je ne pense pas, de cela puis-je douter ? Et même doutant, hésitant (sans nécessairement recourir à l'artifice du « doute méthodique »), puis-je douter que je pense ? Et, ajouterais-je, que je ne pense pas n'importe quoi ni n'importe comment ? Je pense toujours quelque chose, en effet, et non pas rien. Ce quelque chose, je le pense pour ce qu'il est, présumant de sa consistance, de sa persistance en lui-même, de ce qui le fait être ce qu'il est et pas autre chose : son « essence », sa « structure », son « principe d'organisation ». Sans cesse, cependant, tout aussi nécessairement, il m'échappe, disparaissant, reparaissant sous quelque autre aspect. Ainsi, je le découvre, le re-découvre, il m'apparaît, disparaît, ré-apparaît.

Qui donc es-tu, ô chose, et toi, être singulier, si secret... que j'aime, dirait-on ? Qui es-tu, toi qui m'échappes et n'es pas moi, insaisissable, impénétrable ? Cet arbre, ce chat, toi ? Qui êtes-vous, présences évanouissantes et souvent si déchirantes... ? Mais je vous reconnais ! En dépit ou à travers toutes vos métamorphoses, je vous reconnais... Vous êtes toujours les mêmes, tu es toujours le même... N'est-ce pas encore ce qui m'émeut le plus, cette « présence » qui dure, persiste, se maintient, cette espèce d'éternité de ce qui, pourtant, n'est que passager... Tout disparaîtra, je disparaîtrai, tu disparaîtras, je le sais, tu le sais, nous le savons... Et pourtant, nous continuons, tu continues. Nous croyons tout naturellement, dirait-on, à la continuité, à la persistance, à la persévérance, à ce qui fait être, et fait être *d'une certaine façon*, à ce *tour singulier*. Nous le croyons d'ailleurs irréductible, oserai-je le mot, ferai-je le pari ? « Indestructible ». Nous croyons naturellement à ce que peut comporter d'indestructible ce tour singulier, à ce qui est *de la sorte* advenu, inconfondable, si singulier. Bien sûr, cela disparaîtra, tu disparaîtras, je disparaîtrai, mais *cela* disparaîtra-t-il ? Cela *par quoi* tu es, par quoi je suis, cela par quoi cet arbre est, qu'il est ce qu'il est, l'affirme et le déploie, « magnifiquement », dira-t-on, *cela*, ce « mystère », cette poussée mystérieuse, étonnamment structurante et différenciante, singularisante, cette poussée et le tour singulier en lequel elle s'est fixée, comme cristallisée, mais pour mieux donner d'elle-même, produire, s'épanouir, cela disparaîtra-t-il ? Tant d'éternité, dirait-on, à travers tout ce changement ! De persistance à travers toutes ces métamorphoses ! Comment, dès lors, ne pas parier sur la « substantialité » de ce qui est, son infinité, son éternité ? Mais en sachant bien qu'il s'agit d'un pari, que l'on n'est pas si sûr, que l'on est sûr sans l'être, qu'on ne sait pas au fond, quoiqu'on sache quand même, que ça nous échappe, mais aussi qu'il nous en reste bien quelque chose, qu'en tout pari, il y a un risque, en tout risque un rapport au néant, à la mort qui nous guette, à l'abîme où nous risquons de tomber. Pourtant, néanmoins, c'est plus fort que nous, que moi, je continue, ça continue. Ça persiste. Qu'est-ce donc que, dans l'ancienne astronomie, chez Descartes encore, l'on appelait « étoiles fixes » ? Et « tourbillons » ? Le ciel est peut-être vaste, mais il n'est pas vide...

NE...
DÉSIRER...

La réalité de l'esprit se montre toujours comme une figure qui tente son possible, mais disparaît dès qu'on veut la saisir et qui est un rien ne pouvant que nous angoisser.

Kierkegaard, *Concept de l'angoisse*

N'est-il pas contradictoire de prôner quelque devoir d'immanence ? Autant chez Nietzsche que chez Spinoza, l'exigence d'immanence est portée par un sens de la transcendance. Ce qui donne à l'immanence sa portée et son intensité, n'est-ce pas l'exigence, l'idée qui la porte ? Autrement, comment ne se confondrait-elle pas avec la banalité d'une existence vécue à la petite semaine ? N'est-ce pas d'ailleurs le sens qui se dégage de l'alternative dernier homme/surhomme au début du *Zarathoustra* de Nietzsche, le «dernier homme» faisant fonction de figure dissuasive et de guide d'interprétation quant au sens du devoir d'immanence incarné dans la figure du «surhomme» ? Si le «surhumain» est bien le «sens de la terre», si l'«âme» n'est qu' «un mot pour quelque chose qui appartient au corps», on serait mal avisé d'y voir quelque incitation à poursuivre la jouissance et le «bonheur» comme buts. Avec le «dernier homme» «arrive le temps où l'homme au-dessus de l'homme plus ne lancera la flèche». «Pour pouvoir engendrer une étoile qui danse il faut en soi-même encore avoir quelque chaos.» Le «dernier homme» est justement celui pour qui il n'est plus d' «étoile», plus d'au-delà, et pour qui le «bonheur» devient la seule vertu. S'il est un sens, par opposition, à l'idée du «surhumain», n'est-ce pas en tant qu'effort de négation et de dépassement du donné, transcendance en ce sens? Cette transcendance, cependant, ne doit aucunement être entendue au sens d'une «vertu céleste» à poursuivre, d'un détachement à l'égard du corps, de l'expérience sensible. Au contraire, c'est au cœur de celle-ci qu'elle doit être cherchée, au lieu secret de la singularité de chacun.

Autant on aurait tort de penser que le devoir d'immanence revient à nier toute transcendance – au principe même du vocable «surhumain» s'entend l'«au-delà de...», l'exigence de négation du «déjà là» –, autant aurait-on tort de penser que cette transcendance nous appelle vers quelque «arrière-monde». On se retrouve ainsi en plein cœur d'une exigence contradictoire dont aucun des termes ne doit être sacrifié et qu'on pourrait formuler de la sorte : «Descends en toi-même, au cœur de ton être sensible qu'en aucun cas tu ne saurais éluder ni surmonter en vertu d'un simple acte de volonté. Suis *ton* chemin, celui de ta singularité qui se trouve en ton "corps", en ce qu'il comporte d'obscur et de profond, mais aussi de multiple et de contradictoire. Il te *faut* (voilà l'exigence, *l'obligation*) passer par là, séjourner en ce chaos qui est *ton* élément, *ton* milieu, sans toutefois t'y laisser engloutir, en résistant à te complaire en quelque représentation de ton "bien-être", de ton "plaisir", pis encore de ton "bonheur". Suis plutôt *l'étoile*, regarde au delà, laisse-toi guider par elle !»

Ce devoir d'immanence est donc indissociablement devoir d'authenticité et de singularité. Le corps est «bon» au sens où il est inéluctable, au sens aussi où il est le lieu

par excellence de ton *Désir*, par quoi tu es mû, porté vers
un «à-venir»; en t'en détournant, tu t'exposes au ressentiment ravageur. Si ce corps est par excellence le lieu de
ton être – de ce qui te fait être –, au cœur de l'homme vibre
une exigence de création, c'est-à-dire de métamorphose
de ce qui est. Être de Désir, en quel sens? En ce qui te porte
à nier ce qui est déjà là, à en produire une autre version,
inédite, une autre manière d'apparaître. Étrangement, au
cœur de ce corps, si l'on consent à s'y immerger avec «les
yeux et les oreilles du sens», éprouvant toute la confusion
qui s'y trouve, comme une terre en friche en attente d'être
labourée et cultivée, par des voies qui, le plus souvent,
divergent, se recoupent pour se perdre à nouveau, on se
retrouvera comme immanquablement, en vertu d'on ne
sait quelle «fatalité», toujours ramené à une sorte de
noyau – nommons-le «noyau pathétique» –: là où il se
laisse approcher, il faudrait peut-être, comme les enfants,
s'écrier «ça brûle», parce qu'en effet ça brûle et ça souffre,
ça geint et ça aspire, dans la plus grande confusion, sans
égard à ce qu'on peut «penser», c'est-à-dire s'être représenté à l'avance relativement à ce que seraient le «corps»
et l'«esprit», sans égard à sa «volonté» et à ce qu'elle a pu
tenter de se donner comme «objet».

Par toutes sortes de voies, le plus souvent tortueuses,
c'est à ce noyau qu'on se trouve ramené, qui broie et
dissout nos catégories, concepts, plans, projets. Corps?
Esprit? Plus essentiellement *Désir*, au sens du désir d'«en
sortir», de «cela», de ce magma en même temps que de s'y
enfoncer toujours plus, comme si en sortir n'était possible
qu'à condition de s'y enfoncer, *séjour obligé* où s'éprouvent
à la fois ce qui nous enracine et ce qui nous déracine, ce
qui nous enlève à nous-mêmes et nous propulse au delà.

À la seule condition d'un *effort*, sans rapport toutefois avec ce qu'on entend par «effort de la volonté» : «effort de l'être» serait plus juste, obscur en sa source et ses modalités, qui, de lui-même, vient à soi, s'impose, sans jamais exclure cependant que l'on s'y refuse.

Comment savoir ce qu'est l'«esprit» ? Confessons ici notre ignorance ou encore notre inaptitude à quelque définition. Si c'est un «rien», comme dit Kierkegaard, c'est un «rien» auquel on n'échappe pas, qui toujours nous rappelle à lui, sans que jamais on puisse le saisir. Rien de plus aisé que de ne pas l'entendre : est-ce à dire qu'il parlerait? Ce serait trop dire. Évoquons plutôt cette «parole sans voix» à laquelle Nietzsche prête écoute. «Parole sans voix», mais parole tout de même, *parole du rien*, de cela qui n'est pas *quelque chose*, tel un «objet», devant soi. De ce rien qui appelle, *m*'appelle, que, le plus souvent, *je* n'entends pas, parce qu'il est très proche, si proche que *j*'en suis infiniment éloigné. Éloigné par mes «occupations», c'est-à-dire ce par quoi je suis occupé : objet(s) de mes soucis et tracas, où s'obstine ma «volonté».

De ce «rien qui angoisse» au «noyau pathétique», quel lien, quel passage? M'approchant du lieu de ce qui me pousse à me détacher et à me porter en avant, lieu d'à-venir, comment ne pas rencontrer ce qui fait défaut et toujours manque à l'appel? De l'intérieur même de ce qui s'éprouve comme «pulsion», «désir», voire «instinct», s'ouvre un vide, se découvre une absence, avant tout «objet» et tout «rapport» à quoi que ce soit. La pulsion, irrécusable en son élan, manque à elle-même, tombe en panne, quoi qu'il en soit de l'«objet», et finalement, ne donne sur rien. Certes, l'on s'abuse, le monde «humain» est là pour en témoigner : cette construction du monde comme représentation adéquate à nos désirs dans laquelle le «je» puise autant d'«objets» de convoitise dont la «possession» devrait le combler de bonheur. C'est bien *cela* que *je* veux, se dira-t-il, «cette personne qui m'attire» : c'est «mon genre», «ma chose», «mon objet» de rêve. La croyance en ce monde construit à l'image des fantasmes primaires du «je» atteint aujourd'hui une ampleur proprement délirante, à proportion même que s'accentue le sentiment de ce qui fait défaut : quelque fondement ou justification tant soit peu idéale de l'aventure d'exister. Si, plus que jamais, le «bateau» risque de couler, dans la salle de cinéma, plus intensément que jamais, les spectateurs restent attachés à leurs sièges, fascinés par les images qu'on leur projette. Plus que jamais travaillés par le «rien» sur lequel ouvre le Désir, en son occurrence nue, le sentant même passer entre les images, c'est par un surplus d'images qu'ils y répondent, une frénésie d'«informations» dont ils se laissent abreuver, jusqu'à ce que, soudain inquiétés par quelque «mal obscur» ou foudroyés par une crise quelconque, si ce n'est «sans raison» déprimés, épuisés, vidés, plutôt que de réfléchir, ils aspirent à quelque «traitement» ou «médicament», qui les enchaînera à nouveau, «heureusement», à la roue des images et des informations.

Dans cette fuite éperdue, le «rien» plus que jamais affleure : prenons garde, cependant, de ne point trop en parler, n'en abusons pas, ne planchons pas sur les définitions, méfions-nous de tout système. Laissons plutôt advenir et agir jusqu'à son terme l'épidémie néantisante. Approchons-nous en silence de ce «lieu» auquel aucun «objet» ne correspond, qu'aucune représentation ne recouvre, qui est la source de «tout»; tout Désir en vient et revient y échouer. Ne perdons pas confiance pour autant, gardons *la foi* : s'il vient échouer, c'est pour être *relayé* par des signes, symboles et traces que relient entre eux des liens invisibles, en un étrange et inédit ballet.

Il aura cependant fallu *à la fois* l'énergie du Désir et sa faillite, le vide avoué, l'affleurement du «rien» pour que «autre chose» prenne le relais, un *autre monde* qui n'est matériel qu'en étant du même coup immatériel, comme un *mot*, à l'instar de ceux qui, maintenant, s'inscrivent comme malgré moi, tant que dure l'élan qui pousse à les inscrire. Mais il faut qu'à chaque instant cet élan manque à lui-même pour que les mots viennent y suppléer, dissuadant tout «objet» de se constituer, à moins que, cédant à nouveau à la fascination du décor et de la représentation, on ne se mette en frais de construire un «roman» ou quelque essai à vertu démonstrative, pour *achever* une fois de plus, c'est-à-dire *en finir*, en se retrouvant avec une «histoire» ou une «thèse». Le nihilisme perce, c'est-à-dire le désespoir malheureux – celui qui ne s'avoue pas – à travers cette prolifération dirigée et *voulue* de signes, que viendra sans doute couronner quelque «succès». C'est l'intervalle, ce sont les interstices entre les signes qu'on aura voulu remplir ou colmater au profit d'une apparente continuité qui rassure le consommateur-spectateur auquel se ramène trop souvent l'homme d'aujourd'hui. Heureusement, il arrive qu'un «roman» nous «tombe des mains» ou qu'on sorte précipitamment d'une salle de cinéma. La saturation fait son œuvre : une fois le dégoût traversé, à la faveur d'une détente de l'être, peut-être l'espoir reviendra-t-il et le Désir renaîtra-t-il dans la libre méditation des intervalles, le sens retrouvé du jeu sans illusions avec le «rien», ce qui fuit entre les doigts : le temps, peut-être.

MAIS POURQUOI SE RETIRER ?

Donner, se disait-il. Encore et encore. Se maintenir ouvert. Avec confiance. En attente. De ce qui pourrait venir. Avec la conviction que si quelque chose *peut* venir, quelque chose *doit* venir. Ne forçant rien, afin de ne rien fausser. Tel serait l'écueil de toute vie morale : non tellement telle « faute » particulière, telle erreur, telle errance que cet infléchissement progressif, raidissement ou laisser-aller, dont on prendrait l'habitude, au point même de perdre la notion de ce qui eût pu être si... on avait consenti, peu à peu, quoique toujours un peu malgré soi, à laisser ouverte une certaine béance intérieure, plutôt que de se crisper peureusement ou rageusement contre elle, ou encore de se laisser entraîner du côté de satisfactions plus immédiates.

Rester ouvert, faire l'effort de se recueillir en soi-même, puis de se ressaisir. Perdre, consentir à perdre la maîtrise de soi, s'offrir, se livrer, sans savoir vraiment à quoi, ni pourquoi, mais avec le sentiment devenu conviction qu'il est impossible de faire autrement si tant est qu'on cherche sinon la « vérité », du moins quelque authenticité, entendant par là ce qui vient de soi, coule de source, ne dépendant d'aucun moyen ni intermédiaire.

Encore fallait-il avoir souvent fait l'expérience d'être ainsi saisi, emporté, non par quelque objet extérieur, mais de l'intérieur de soi, par quelque force ou puissance échappant à tout contrôle, dont la manifestation tenait justement à ce qu'on s'était dépossédé de tout recours artificiel, qu'on s'était rendu intérieurement attentif à l'on ne savait quoi sinon que c'était bien quelque chose, qui d'abord cherchait à se faire entendre, ensuite à s'exprimer, à parler. Quelque chose qui eût attendu de soi qu'on lui prêtât ses mots, ses signes pour que, s'y coulant, apparût non tant ce que « j' » aurais aimé dire ni « prévu » de dire, mais autre chose que « je » n'étais pas sûr moi-même de bien entendre, quoique le proférant, me conduisant plus loin et ailleurs que je ne fusse allé de mon plein gré.

Quelque chose se trame, dirait-on, un fil se déroule dont on peut bien vouloir s'écarter, le plus souvent par goût d'« en finir » avec cette espèce de vide récurrent, toujours insatiable en ce que son comblement est sans cesse différé. Si, enfin, se prend-on à espérer, quelque chose, un « objet » venait à soi, apportant avec lui quelque satisfaction, quel bonheur cela serait et quelle détente ! Certes, l'on ne peut vivre sans satisfaction et il s'en produit bien quelqu'une de temps en temps, mais un travail se fait avec le temps qui, dirait-on, accentue en soi le vide éprouvé au point de prendre de moins en moins de goût à ces quelques satisfactions et d'attendre toujours plus ardemment (c'est bien d'ardeur en effet, de *feu* qu'il s'agit) autre chose dont on sait hélas ! fort bien qu'on ne l'aura jamais, puisque cela nous vient, s'empare de nous pour se proférer, à proportion même qu'on aura consenti à se vider pour lui laisser passage. Quel intérêt dès lors, rétorquera-t-on, sinon de sentir en soi se dessiner une cohérence, de s'y accorder au plus profond, et d'être d'autant plus convaincu de son authenticité, c'est-à-dire de sa nécessité, qu'on n'y est soi-même pour rien ? Comment pourrais-je, en effet, en matière de cohérence, me faire confiance, moi dont je sais fort bien le caractère arbitraire, incertain et mouvant ? Comment me fier à « moi-même » quant à ce qui peut organiser mon existence, la faire être selon ce qu'elle tend à être ? Que sait-il, ce « moi », de cette existence au départ étrangère ? Certes, de l'extérieur, il peut toujours l'organiser, la planifier, et il ne s'en privera pas. N'est-ce pas mieux que le vide, dira-t-on, l'attente souvent vaine, le désert, la solitude, la recherche d'on ne sait quoi, les résultats aléatoires ? Ne vaut-il pas mieux parer au plus pressé, sans attendre, de manière à mener une existence à la fois reconnue et féconde ? Au moins, je pourrai faire état de « mes » résultats, de ce que « j' »ai produit et de la reconnaissance que cela m'a procuré.

Cependant, il avait peine à croire à tout cela, quoiqu'il sût très bien y être resté attaché et souffrir souvent d'un manque en lui, d'une sorte de « fuite » (au sens où « ça fuit », se défait, se perd), qui ne l'empêchait cependant pas de continuer, de persister avec cette sorte de « foi » (comment dire autrement ?), de confiance en une puissance intérieure organisatrice. À condition qu'il consentît à s'abandonner, à s'ouvrir, une cohérence pouvait, bien malgré lui, prendre forme, à travers son effort d'expression, tout à fait imprévisible, nécessairement déconcertante, sans égard aux cohérences existantes ni à celle que, hasardeusement, il aurait pu être tenté de se donner. Avec quelle assurance emportait-elle tout ce fatras sur son passage, il s'en étonnera toujours !

Il lui fallait consentir à se rendre attentif à un certain
«mal-être» qui en signalait l'approche et lui faisait appel.
Qu'est-ce qui porte à s'approcher ainsi d'un «mal-être»
plutôt que de s'en tenir aux «objectifs» et aux «plans»
que l'on est amené à concevoir pour organiser sa vie et lui
conférer cette unité qui, autrement, lui manque? N'y faut-
il pas un goût, quelque propension? Comment répondre?
se demandait-il. Outre l'insatisfaction, l'incertitude qui
tient au caractère arbitraire de toute «décision» du moi,
ne faut-il pas évoquer la plénitude unifiante atteinte à
travers l'expression, ce sentiment d'être porté, comme
«pris en charge»? Abandonné à sa finitude, plus seul et
démuni que jamais, mais inspiré, insufflé, «je» coïncide
hors de toute image avec le sentiment le plus inaliénable
de la vie, au plus intime de ce qui fait être la vie et ce
vivant que je suis. Comme si, à la fois, vivre, c'était, pour
moi du moins, qui suis *un* vivant et non la vie entière,
éprouver sa limite, sa précarité, son caractère mortel, *et* se
sentir animé, lieu de passage et d'expression d'un souffle,
d'une puissance, par ailleurs étrangement «structurants»,
voire «substantialisants». S'éprouver vivant, ne serait-ce
pas, de temps en temps et plus souvent qu'on ne le croirait,
coïncider avec ce souffle, se laisser animer et remplir par lui?
    Mais qu'en est-il de ce vivant *conscient* que nous
prétendons être? Que veut dire «conscient» sinon cette
expérience du vide, de l'indétermination en soi, de cet
abîme qui appelle le «moi» pour le suturer, du moins en
supporter l'insistance? Le «moi» permet de l'oublier par
moments en s'occupant d' «objets» qui requièrent son
attention, voire son empreinte transformatrice. C'est ainsi
qu'il œuvre à construire ce qu'on appelle le «réel», vertu
qui, toutefois, ne peut s'exercer qu'à condition qu'il se

garde disponible et ouvert à autre chose en lui qui n'est pas lui, « rien », vide, d'où, paradoxalement, il prend sa source. La vie, comme l'être, n'appartient à personne, c'est ce que, fort souvent, oublie l'être conscient, obnubilé qu'il est par lui-même, son « moi » et les « objets » qui lui font face. La conscience n'a rien d'un « bien » dont l'homme disposerait en même temps que de « facultés » telles que la « volonté » par laquelle il pourrait maîtriser le réel, c'est plutôt une déficience, ou, du moins, l'effet d'une déficience. C'est un « barrage » créé par l'intensité du vide, du manque éprouvé, mais en même temps l'« occasion » fournie de se doter de moyens (« techniques ») d'agir sur le réel mis en œuvre. Ces « moyens » doivent être originellement entendus en un sens tout intérieur : il y a, bien sûr, ceux qui, le plus évidemment, s'offrent à la vue sous forme instrumentale, mais il en est d'autres, plus près de nous qui se pourraient appeler « langages », faits de signes, dont le raffinement peut être tel qu'ils permettent au vivant, ou plus précisément, à ce souffle qui anime le vivant, de parvenir à un degré d'expressivité toujours plus subtil et nuancé, comme on peut l'observer dans les œuvres d'art.

Obstacle, barrage, la conscience l'est d'autant plus que les « moyens » dont elle est l'occasion d'apparition en même temps que le « lieu », se superposent à ce qui est (on dira « la nature ») au point de le recouvrir et de l'occulter, y compris dans sa modalité la plus intérieure à chacun. C'est l'effet produit par ce véritable délire de « visibilité » où l'on n'a de cesse de présenter et de re-présenter ce monde que l'on construit avec tous les moyens « techniques » dont on dispose. Délire auquel on ne peut échapper qu'avec un peu et toujours plus de silence, de retrait et de solitude, pour ne plus être réduit qu'aux seuls moyens qui

«naturellement» nous viennent en vue de *laisser passage*
plutôt qu'aux «objets» à ce qui les fait être et nous fait
être, que les signes rendent manifeste. Telle serait l'erreur
(d'optique, essentiellement) : préférer les objets aux signes
ou encore réduire les signes aux objets. Des uns aux autres,
telle serait la différence : l'objet, totalité close de signes
agencés en un ordre fixe, semble exister en lui-même face
à «moi» qui existerait tout autant «en soi», alors que
les signes, en leur occurrence première, sont ouverts,
n'existent que de renvoyer à autre chose qu'eux-mêmes,
insaisissable, échappant à toute prise ou emprise. Comment,
en effet, pourrait-on prendre ou saisir cela même par quoi
nous prenons (comprenons) et saisissons ? Comment
rapporter à nous-mêmes, à «moi-même» ce qui, manifes-
tement nous vient, «me» vient, à commencer par l'idée,
la compréhension, l'idée même du «je» dont Descartes
nous a bien appris qu'elle n'est rien et s'effondre sans cet
«Autre» qui la fait être, dont elle tire toute vérité ?

Dès lors, pourquoi préférer (et cette préférence ne
vient pas du moi mais lui vient plutôt) l'expérience difficile du désert et de l'incertitude de ce qui vient ou peut
venir à celle de la maîtrise sur les choses, sur sa propre existence, sur l'avenir ? Comment répondre sinon, allant au
plus simple, dans le sillage de ce que nous avons déjà
suggéré, en évoquant l'expérience de se sentir plus vivant
du sein même d'une plus grande précarité ? Plus défaillant,
donc plus vivant. Mais aussi parce qu'alors on peut sentir
que l'on coïncide, du moins par moments, avec le centre le
plus intime de soi, qui n'est pas «moi» mais «me» fait
être, ayant l'avantage sur «moi» d'être plus animé, animant,
insufflé, insufflant et de trouver par lui-même, pour peu
que «je» lui prête quelque moyen de s'exprimer (telle est

alors, réellement manifestée, la nécessité du «moi»), l'orientation, la direction à prendre et à suivre. À travers ces moyens signifiants qui s'appellent signes, symboles, n'est-ce pas aussi la vertu de ce qui s'appelle «corps» qui se trouve approchée? Vertu expressive à travers la résistance même qu'il oppose au passage du souffle, qui se compare à celle des cordes de la lyre. Résistance et métamorphose raffinante : en ce jeu subtil de pressions et de résistance, n'est-ce pas le mystère du devenir-esprit du corps comme du devenir-corps de l'esprit qui se trouve approché? Par le «corps», l'esprit *existe*, mais sans l'esprit, qu'est-ce donc qui ferait se constituer, prendre forme et se distinguer le «corps»?

SINON POUR ADVENIR À AUTRE CHOSE...

Ne rien forcer, afin de ne rien fausser. Se pourrait-il qu'*exister* fût une erreur, et que le sens moral, l'exigence morale consistassent à se libérer progressivement de l'existence? Encore aujourd'hui, cette recherche de l'«idéal» hors de l'existence n'est-elle pas insistante dans beaucoup de comportements sectaires que l'on peut observer jusqu'à prendre cette exigence à la lettre et à s'offrir allègrement au suicide? Mais elle prend surtout d'autres formes, liées à l'oppression exercée de plus en plus sur chacun par le travail, ou pour être plus juste, le productivisme à outrance qui en vient à siphonner l'essentiel des énergies actives de l'individu. Ainsi pris en charge, enrégimenté, «exploité» telle une «ressource», l'individu, l'être singulier concret, n'a de cesse de rêver d'une «autre vie», par delà toute cette «réalité» oppressante et épuisante.

Le désir est irréductible en chacun de ne pas en rester à ce qui est *là*, de ne pas s'y réduire et d'accéder à «autre chose», sans doute indéfinissable mais qui soit comme une *métamorphose* aussi bien de ce qui s'offre à lui au «premier regard», celui de sa conscience habituelle, héritée, que de lui-même, en tant que son être social tend à le ramener et le réduire à une image, une fonction, un poste, fussent-ils d'autorité. Pour aucun être humain, la réalité ne saurait se réduire à une seule dimension, un seul regard. Autre chose insiste en chacun, obscurément d'abord, puis de plus en plus inévitablement. Le problème lié à ce qu'on a toujours appelé l'«idéal» tient à ce qu'il se trouvait d'emblée représenté et défini à l'intention de tous, sans souci de l'existence concrète à laquelle chacun irréductiblement se trouve livré. Cette dernière s'en trouvait de la sorte dévalorisée au nom d'un état idéal de l'homme, d'une idée d'humanité auxquels chacun à tout prix devait tenter d'accéder.

Est-il quelque valeur, non seulement relative (la morale traditionnelle l'eût concédé), mais absolue, c'est-à-dire irréductible, nécessaire, à l'existence de tel individu, avec toute la nébuleuse de pulsions, désirs et aspirations qui le constituent? Quelque valeur, dès lors, non seulement en tant qu'exemplaire d'humanité doté de cette «âme immortelle» qui reviendrait à chacun à sa naissance, mais en tant qu'être fini, incarné, se vivant de l'intérieur et à travers cette finitude. Se pourrait-il que cette finitude ne soit pas purement négative mais comporte *en elle-même* quelque perfection? Dès lors, l'*autre*, l'*idéal* ne pourraient se penser hors de cette finitude. En quoi cette dernière se trouverait-elle altérée, irréductiblement marquée, *signée*? En tant que *combinaison singulière*, inimitable, de désirs, pulsions, sentiments, pensées, idées, non donnée une fois pour toutes mais en devenir, toujours en train d'advenir et de se manifester. Singularité irréductible à toute image ou définition en vertu d'un principe indissociable d'elle-même, avec lequel, cependant, elle ne coïnciderait jamais, sauf par instants où, de l'intérieur, elle se ressaisirait dans l'acte d'exprimer ce qu'elle est.

«L'homme pense», écrit Spinoza en une formule à la
fois dense et laconique. L'homme : celui à qui advient la
pensée, en tant que puissance agissante en lui. Moi : «je»
me saisis comme celui à qui advient la pensée, à qui elle
advient comme puissance, puisqu'elle éclaire, dirige, et, de
la sorte, contribue à augmenter la puissance d'action sur
soi, les autres, les choses. Du même coup, l'expérience de
cette puissance qui m'advient me révèle à moi-même
comme «agi», au «lieu» *unique* où se produit cette action.
Ce n'est pas tant dire que cette action ne puisse se produire
qu'en moi, c'est dire plutôt que tel moi, «je», n'apparaît
que lorsqu'elle se produit, trace unique du travail de
l'infini. C'est dire que l'expérience de la pensée singularise
radicalement : ce n'est qu'à *moi* qu'elle peut advenir, *ce* moi,
en même temps que c'est son advenue qui le fait exister,
me fait exister comme moi, en ce qui le distingue. Sans ce
«moi», elle ne fût pas advenue, sans ce «lieu» au départ
vide, comme indéterminé : du même coup, lorsqu'elle lui
advient, elle lui révèle qu'il est autre, c'est-à-dire agi par
un autre, qu'il n'est rien sans cet autre, quoique, en même
temps, cet autre fonde et garantisse son indéniable réalité.
C'est de me découvrir autre, de façon privilégiée, à travers
l'expérience de la pensée, qui me fait advenir à moi-même
dans ma singularité. Au cœur de ce qui constitue ma différence s'atteint une source qui la produit en ce qu'elle a
d'unique et la porte, indissociablement, à se manifester.
Ce qui m'est le plus propre ne vient pas de moi, m'est sans
cesse donné, mais n'en est pas moins irréductiblement
«moi», institué dans sa réalité.

Qu'est-ce à dire, sinon que «je» ne m'appartiens pas,
et que c'est justement dans cette mesure que je puis être
assuré de la singularité et de l'unicité de mon être ? Nul,

cependant, n'advient ainsi à lui-même sans qu'un long chemin ait été parcouru ; nul, au demeurant, n'y advient une fois pour toutes, mais par instants, pourrait-on dire, qui trouent le banal écoulement des jours. De ces instants, toutefois, la trace est ineffaçable : c'est celle d'une *direction*, d'une orientation à laquelle chacun peut en venir à identifier son être au point de savoir qu'il ne peut plus lui échapper, la « fuite en avant » étant sa seule issue, au sens de l'expression toujours plus saisie et efficace de soi. L'être moral est en devenir, plutôt qu'en un état fixe, défini comme idéal : il consiste à devenir soi, ce qui ne peut advenir qu'en le produisant, l'exprimant. Cela suppose, élémentairement, une croyance, une *foi*, d'abord vécue confusément comme intuition, en l'existence de ce « soi », en sa singularité et en l'obligation qui m'est faite de l'exprimer, c'est-à-dire de coïncider de plus en plus avec les effets qui en découlent. Le chemin du devenir-moral commencerait avec l'intuition ou le soupçon de ce que cette vie qui est « mienne », qui a pris forme à travers ce que j'appelle « moi » a un « sens », c'est-à-dire une direction, une orientation qui serait nécessaire, *obligée*, et qu'elle m'est donnée avec l'exigence de se réaliser, de s'accomplir dans ce que j'appelle le « monde », que « je » le veuille ou pas, que cela « me » plaise ou non.

« Ma » vie ne saurait donc se réaliser qu'à la faveur d'un renoncement à ce que je crois être, ce que j'aimerais devenir à mes yeux et à ceux des autres. Renoncement et foi, thèmes classiques d'une certaine morale religieuse, avouent ici leur nécessité, qui sait ? leur vérité, mais de l'intérieur d'une recherche et d'une découverte de soi (nécessairement progressives) plutôt que comme objets d'adhésion ou « vérités » déjà définies. De l'intérieur même de *l'existence*, dans sa multiplicité et sa densité, à laquelle chacun, nécessairement, est livré comme être fini, dès lors affirmée en ce qu'elle comporte d'irréductible et d'inouï («exister» : expression même de l'inouï. Pourquoi chercher ailleurs l'inouï?); à travers la multiplicité des expériences, des errances, aussi bien lorsque l'expérience s'avère malheureuse (mais en quoi l'est-elle?), n'y a-t-il pas *quelque chose* qui se cherche en s'essayant? Qui cherche, dirait-on, *l'expression juste*, comme il peut nous arriver de la chercher en parlant; qui, la cherchant, en pressent nécessairement l'existence, et, du même coup, pressent qu'elle ne vient pas de soi (autrement, quelle nécessité de *la* chercher, quelle nécessité de *chercher* s'il est suffisant de «décider» par soi-même, de son orientation et de son existence?).

«Je ne décide pas de ma vie», par conséquent, il n'est pas vrai que «je» puisse faire ce que «je» veux de «mon» corps, de «ma» vie! Tel n'est-il pas le début de toute morale authentique, indissociable de la recherche et de la découverte d'une nécessité, d'une loi, d'une obligation qui ne vient pas de moi mais qui travaille en moi? Être moral et le devenir (ce qui est une seule et même chose), n'est-ce pas peu à peu découvrir que cette vie que j'ai reçue et cette puissance de pensée qui m'advient, répondant à une nécessité, ne sont pas purement livrées au hasard? Si, au contraire, la morale est dite reposer sur la «volonté», n'est-ce pas avouer le caractère arbitraire, hasardeux, et finalement, inconsistant, de *cet être* que je suis, n'est-ce pas en évacuer toute singularité, c'est-à-dire toute détermination, toute orientation internes en postulant que la direction de l'existence est pure affaire de «volonté»? Puis-je par ma «volonté» vouloir autre chose que ce que l'on a déjà voulu avant moi, me couvrant de grandes maximes déjà formulées

qui constituent la tradition, le «bagage» humain de
sagesse ? Dès lors, qu'en sera-t-il du phénomène unique de
mon existence, du passage sur terre de cet être singulier
qui eût pu, tel l'artiste, faire apparaître un monde nouveau, inédit et imprévisible ? Être moral, est-ce se plier à ce
qui n'est pas moi, déjà formulé et défini, ou n'est-ce pas
découvrir, du fond de mon expérience, ce qui n'est pas moi
au cœur de moi et me fait être, non pas n'importe comment,
mais d'une certaine façon et dans une certaine direction ?
D'une manière ou d'une autre, qu'on suive la «volonté»
ou quelque nécessité intérieure, on n'échappe ni à l'Autre,
ni à l'obligation (c'est ce que veut dire «moral», par opposition à ce qui ne l'est pas : se laisser aller, être livré aux
influences, devenir indifférent), la différence étant que,
dans un cas, on sacrifie au départ sa singularité, dans
l'autre, on se voue à l'exprimer, à la manifester, en renonçant dans cette logique à ce qui nous sollicite à l'extérieur
de nous, qui relève de l'Image (ou imagination), creuset de
tous les mirages dans lesquels le «moi» aime à se complaire
pour mieux échapper à ce qui le hante et le travaille de
l'intérieur.

Devenir moral irait de pair avec la découverte de l'intériorité, de son irréductible consistance, de ce qui, en
elle, échappe à toute image. La foi se réaliserait à travers
la découverte par chacun de ce qui, au fond, *le tient*,
l'organise et le dirige, conférant une nécessité à son être
individuel. De cela qui, de la sorte, le tient, chacun aurait
le soupçon, sachant bien qu'il n'est pas n'importe quoi
mais bien *quelque chose* qui, en tant que tel, existe diffé-
remment de quelque chose d'autre (et qui souffre de cette
différence), tend à persister *d'une certaine façon* dans l'existence, rendue manifeste dans *une certaine manière de désirer*

qu'il découvre peu à peu à travers l'expérience qu'il fait de son inévitable *expression*. « Désirer d'une certaine manière » : voilà qui échappe aux maximes universelles et aux modèles communs dont chacun sait au fond de soi qu'ils ne lui conviennent pas en ce qu'ils échouent à rendre compte de ce qu'il est. Désirer, bien sûr, ne concerne pas que le rapport à l'autre mais à toutes choses, à commencer par ce qui constitue l'activité centrale de sa vie, dont souvent le désir est exclu au profit d'une survalorisation, à bien des égards fantasmatique, du rapport à l'autre, étant entendu que l'enjeu du Désir n'est jamais quelque « objet » à posséder ou « besoin » à satisfaire mais toujours *un don*, à travers une expression unique, une œuvre, *un style*. En cette manière unique de désirer propre à chacun, il est aisé de voir une nuisance relativement à tel « objet » convoité ou tel résultat visé, voire une forme d'infériorité ou d'insuffisance. N'est-ce pas que le caractère unique de la manière de désirer propre à chacun ne peut guère au départ être vécu autrement que comme insuffisance puisque s'y éprouvent sa non-conformité à quelque modèle de comportement déjà défini en même temps que le sentiment radical de sa finitude indissociable de son unicité ?

Fini, limité, je m'éprouve en cette manière de désirer qui n'est celle de personne d'autre, qu'il est toujours difficile d'exprimer, à laquelle aucun « objet » ne correspond de façon satisfaisante, et dont je sens bien que je n'y puis rien, si ce n'est m'y refuser ou y consentir, ce qui ne m'empêchera pas pour autant d'y être voué. Or, d'y être ainsi voué me renvoie à l'Autre, au cœur de mon être, qui m'y voue, que je ne connais pas mais dont je puis sentir ou savoir que je tire toute puissance, y compris et surtout lors de mes défaillances dont je ne puis jamais vraiment m'expliquer par quel miracle je suis enfin sorti, d'où m'est venue cette force qui s'est déployée au moment même où j'en manquais plus que jamais et désespérais...

II

DIVAGATIONS

PENSER, N'Y PENSEZ-VOUS PAS ?

C'est en suivant des chemins détournés qu'il entendit parler de l'amour. Jusque-là, il n'y avait jamais prêté attention. Son esprit le portait plutôt vers les choses abstraites, mais son être, parfois, renâclait sous l'effort. La tension était forte. Le désir de vivre était intense, mais aussi, en même temps, celui d'en finir avec cette intensité en la consumant, tout d'un coup, dans une espèce de fête de l'esprit qui aurait aspiré à elle tous les corps. Il y avait souffrance en ces corps. Désirs, aspirations. Chaleurs, ferveurs.

Un certain désir de vivre, à trop s'exalter, se consume sur place... On le découvre ainsi, paradoxalement, porteur de mort. Dans cette apothéose de la vie se cache peut-être le sourd désir d'en finir avec elle, c'est-à-dire au fond avec le temps. Le temps de vivre, les obstacles rencontrés, les résistances. Celles des autres, bien sûr, mais aussi (et peut-être surtout) celles des « objets », de l'« objectivité ».

« J'aurais tant aimé, disait-il, en finir avec l'objectivité. Sa pesanteur, sa bêtise. Voir à travers. Et qu'advienne une autre dimension. D'existence. D'être. Plus aérienne. Plus idéelle. Épurée. »

Aussi, lorsqu'il l'eut rencontré, n'eut-il de plus pressant désir, alors même qu'il appréciait et recherchait en lui une certaine densité matérielle, une résistance, voire une opacité, que de faire fondre cette matérialité, d'alléger cette densité, de la traverser, de voir à travers.

« Voir à travers », jamais n'eut-il de plus ardent désir. Mais on ne peut voir à travers que s'il y a *quelque chose* à traverser. « Quelque chose », voilà le problème. Quelque chose de *réel*, d'*objectif*, pour reprendre les termes honnis, qui nécessairement, fasse obstacle, mais, en même temps, laisse espérer autre chose. « Espérer », ne cessait-il de dire, de se dire. L'espoir au cœur de lui vissé, aurait-on dit, était toujours indéraciné, indéracinable. Quoi qu'il en fût de l'« objet », de la « matière », de ce qui fait obstacle, quoi qu'il en fût même de la mort. On aurait dit qu'il n'y croyait pas. Certes, il en reconnaissait bien la « réalité », mais justement, il la laissait ainsi entre guillemets. « Un peu plus, se disait-il parfois, et je m'en réjouirais, j'y verrais une occasion de se réjouir. »

Il est tant d'esprits obtus, se disait-il, qui prennent plaisir à se buter aux obstacles, à les grossir, à en exagérer l'importance, de manière à « favoriser la prise de conscience », comme ils disent, alors qu'il ne s'agit, une fois de plus, que d'enfoncer la prétendue conscience dans ce qui l'aveugle, de la faire buter encore plus, jusqu'à n'en plus démordre, sur l'« objet » de son ressentiment. Leur maladie est contagieuse : on dirait qu'il ne leur suffit jamais d'« éveiller », si tant est que ce fût bien de cela qu'il s'agît, leur propre conscience, ils n'ont de cesse qu'ils n'aient aussi et surtout « éveillé » celles des autres. « Éveillé » : en réalité, « enfoncé », « endormi » plus que jamais.

Certes, il y a problème («péril», dit le cliché) en la «demeure». Je m'y heurte, j'y fais face, cela résiste. Finalement, je ne vois plus clair : l'«objet», l'«objectivité», dans toute son épaisseur, s'interpose. Plus que jamais serait requis, dirait n'importe qui (et n'importe qui, faut-il le préciser, pense sainement, de manière «naturelle»), un effort de pensée. Un effort *spécial* de pensée. De la part de *ce* «sujet», de ce suppôt. «À l'abordage», devrait-on l'entendre de sa demeure crier. Mais plutôt, demandez-vous pourquoi, il ne sait se contenir, il sonne l'alarme, alerte son quartier, son village, la ville entière. «Prenez conscience», «il vous faut prendre conscience», clame-t-il tel un nouveau Savonarole. «Convertissez-vous!» «Ne tardez pas!», croirait-on l'entendre crier.

En voilà un autre, se disait-il, que la pensée a failli visiter, qu'elle a effleuré, mais que la panique a gagné. «Penser, n'y pensez-vous pas?» Mais pour qui voudriez-vous que je me prenne? Un penseur? Peut-on vivre ainsi, *seul*, à penser? Rester ainsi *seul* à penser? Alors que tous les autres autour de soi ne pensent pas (ou n'en ont nul souci)? Seul à penser et, pis encore, à le dire? À dire, tout simplement. À *parler*. Seul à penser. Seul à parler. Non, jamais. Après tout, la pensée, comme la parole, n'est-ce pas «collectif»? Vous n'avez qu'à prêter attention au *langage* : n'est-il pas «collectif»? Ne s'agit-il pas d'un *instrument* «collectif»? Et à ce mot d'«instrument», on l'entend palpiter, frétiller, presque jouir. «Instrument», donc hors de moi, extérieur à moi, inventé, manié par tous, les autres dont *je* fais partie. Pas par moi particulièrement. Pas de l'intérieur de moi. Instrument à l'usage de tous. Et il frétille à nouveau, *celui-là*. *Celui-là qui ne voulait pas penser*. Et cherchait à se délivrer. À se délivrer de la culpabilité qu'il éprouvait à ne pas penser, alors même qu'au fond il le désirait. Qu'il l'avait toujours désiré. Qu'il l'aurait tellement désiré. Au point de s'accrocher à toutes les basques des «penseurs» visibles à la ronde. D'aller les entendre. De les enregistrer. De les faire entendre. De se les repasser. Et ainsi former ce qu'il appelait avec une satisfaction étrangement mêlée d'une sorte de hargne, son «jugement critique».

Faute de mieux, se disait-il, on en reste ainsi à son «jugement critique» qu'on fait passer pour de la *pensée*. Voire de la pensée *éclairée*. Lucide. Dûment mûrie, *réfléchie*. Qu'on se fera fort de vous *démontrer*. Or, il en restait à cette idée, cette intuition, si l'on préfère, que l'effort d'explication, quand il ne vient pas de lui-même, coulant comme de source, ainsi qu'un libre *déploiement* de la pensée, correspond à une impuissance de la pensée, un échec à penser. On s'acharne à démontrer, pensait-il, lorsqu'on est passé à côté, que le moment est dûment *passé* de la pensée ou, si l'on veut, de l'idée, qui se pressait aux portes de la parole et insistait pour sortir. Pour être *dite*. Elle était là, cette pensée, toute vivante. Toute vibrante. Elle n'avait pas encore trouvé ses mots, mais elle les attendait, les cherchait, les appelait. Déjà ils se pressaient, mais alors... allez savoir pourquoi, ils sont restés là, bloqués au seuil de l'issue qui allait pourtant s'entrouvrir, s'ouvrir, laisser passer... ils sont restés là, enfermés, et, peu à peu, manquant d'air, ils se sont asphyxiés, puis éteints. Oui, c'étaient les flammèches, les flammes peut-être de la pensée qui cherchaient à brûler au grand jour dans des *mots*, des *phrases* (peut-être aussi autrement, dans des sons non-verbaux, non-articulés mais qui se seraient organisés entre eux selon une logique inédite; ou encore dans des formes et des couleurs aux yeux sensibles, chaudes ou froides, mais surtout chaudes, lorsque, au moment même de l'apparition *cela sort* tout chaud encore – et il se prit à rêver d'été, de couleurs chaudes enfin, de sons ingénus, clairs, cristallins et jeunes). Ces flammèches brûlaient de prendre feu, au grand jour, en plein soleil. Cependant, et pourquoi, au fond ? pourquoi ? elles s'éteignirent et moururent là, comme elles étaient venues, sans que rien, en apparence du moins, en fût resté.

Alors il pensa à Nietzsche et à cette phrase de Nietzsche qui lui revenait souvent et qu'il avait déjà citée : « Faites attention à chaque heure mes frères, où votre esprit veut parler par images ; c'est là l'origine de votre vertu. Alors votre corps est élevé et ressuscité : de son allégresse il ravit l'esprit. » C'est de cette heure qu'il est ici question, de la tendance à ne la point voir venir, du manque d'expérience à la détecter. Cette heure ardente que l'on ne sait reconnaître, parce que, dans la meilleure des hypothèses, qui vaut surtout lorsqu'on est jeune, ou plus vieux, si on n'a pas perdu toute innocence, on ne la connaît pas ; dans la pire des hypothèses, parce qu'on ne veut pas la reconnaître. Alors, dans ce dernier cas, si elle se présente, on ne s'y arrêtera pas, on laissera passer. Cependant, ce ne sera pas comme si rien n'était passé, ne s'était passé, il en restera quelque chose, un petit quelque chose, comme un goût, plutôt un arrière-goût, amer, comme une haine, peut-être seulement un soupçon de haine, sans doute au fond à l'égard de soi, mais qui l'avouera ? en tous cas, à l'égard de la pensée, plus nettement encore de ceux qui pensent, surtout de ceux qui pourraient penser à proximité de soi... Au loin, en effet, ça peut penser, on a le droit de penser, cela *se comprend*, on est dans des *conditions* différentes, mais à proximité de soi, non, c'est de la prétention, de la suffisance, c'est se prendre pour je ne sais qui, un autre en tous cas. «Or moi, je ne me prends pas pour un autre. Lorsque – mais au fait, cela m'est-il déjà arrivé? – des pensées ainsi se pressent au seuil, comment dites-vous? de la parole, eh! bien, sachez que je ne suis pas dupe, je n'écoute pas cela, je me *méfie*... Après tout, n'est-ce pas cela, *l'esprit critique*, le *jugement critique*? Je passe outre, je n'en suis tout de même pas à accorder de l'importance à *cela*, des pensées toutes nues, spontanées, qui viennent ainsi à n'importe qui, n'importe comment, non, après tout, je suis cultivé(e), j'ai appris, je connais la valeur des œuvres, des *vraies* œuvres, j'en ai lu dans des *livres*, j'en ai vu dans des *musées*, entendu dans des *concerts*, je sais ce que c'est, cela prend des *conditions*, un *milieu*, cela ne se présente pas ainsi, n'importe comment, sans ordre, sans apprêt, non, ces gens-là ont *travaillé*, ont été *formés*, ces œuvres sont le résultat de leur *travail*, de leur *formation*, or moi, je n'ai pas fait ce travail, ni reçu cette formation, donc ce n'est pas pour moi. Je ne serai quand même pas un *artiste naïf* ou un *peintre autodidacte* (certes, il en est de "grands", pensons à Bacon, Soulage, c'est vrai, mais eux, ils sont *reconnus*, bien sûr ils n'ont pas toujours été reconnus, ils se sont fait reconnaître, mais ils ont rencontré des mécènes, et puis... et puis... et puis ce sont des exceptions, après tout, je ne suis pas l'une d'entre elles...), non, ni naïf, ni autodidacte, je ne partirai pas en Polynésie comme Gauguin, je ne suis pas fou comme Van Gogh. Ni naïf, ni autodidacte, ni fou, je reste ici, sérieusement, le plus sereinement du monde, et de ces pensées qui me viennent, de ces images dont parle Nietzsche – un "fou", on le sait, pas sérieux en tous cas, – je ne m'occupe pas, et passe outre, je n'ai ni la formation, ni le talent, je passe outre, méfiant...»

Certes... mais il en reste quelque chose, hélas! dirais-je, comme une haine, une haine de la pensée lorsqu'elle naît en moi ou près de moi, lorsqu'elle pointe, un goût d'en finir, de casser, de faire taire, de punir, de faire rentrer ce qui, ainsi, sauvagement, sans égards, ose pointer le nez, un goût de faire sentir et comprendre qu'il n'y a rien là, rien de sérieux ni d'important, qu'il faut passer outre, aller aux choses sérieuses, se former, apprendre, devenir sérieux à son tour, comme les grands. Misère! «comme les grands»... et soudain il pensa à Descartes, laissant tout derrière lui, son pays comme ses connaissances, partant à la découverte du «grand livre du monde» (quelle expression «cliché» après tout!), à Descartes (un grand, celui-là, non?), à sa naïveté, sa confiance, jusqu'à entrevoir son destin dans des nuits d'illumination (quelle naïveté!), il pensa à Descartes, et il n'en revenait pas... de tout cela, du «jugement critique», du «sérieux», de tout cela dont on recouvre la pensée et si souvent sous le nom de *philosophie*...

COMME MAÎTRE
ET POSSESSEUR...

Il songeait à son incapacité de plus
en plus marquée de prévoir quoi que ce soit, de «projeter», d'assurer sa maîtrise de l'avenir par un acte de la
«volonté». Quoi que ce soit qui a été voulu, pensait-il,
risque toujours d'être faussé et de s'avérer par la suite avoir
été un piège, un mirage, quelque «miroir aux alouettes».
À tenter ainsi de s'assurer quelque prise sur ce qui vient, ce
qui peut venir, ne tente-t-on pas d'en finir avec l'indéterminé de l'existence, tout son poids, parfois si lourd à porter,
d'inattendu, au nom de ce que l'on prétend «désirer», que
l'on souhaiterait voir arriver, toujours en fonction d'une
certaine notion que l'on se fait de son «identité», de ce
que l'on est ou prétend être soi-même? N'est-ce pas là
toutefois que le «bât blesse», pour s'en remettre à une
métaphore usée? Comment en effet saurait-on à quoi s'en
tenir sur soi-même? Certes, l'on dispose bien de quelques
indications, recueillies au cours de la vie. Certaines tendances se sont avec le temps imposées plutôt que d'autres,
au point d'apparaître «naturelles». Si, cependant, c'est
bien le cas, pourquoi ne pas s'y fier, les laisser nous guider?
C'est qu'il en va des conséquences...

À la tentation qu'il éprouvait parfois, voire souvent,
d'en finir au moyen d'une décision nette, en vertu d'un
choix arrêté, répondait toujours, au plus intime de lui-même,
quelque réticence, une sorte d'incroyance. Sa crainte était
de fausser l'orientation même de son existence, de faire
obstacle à l'essor d'une tendance plus profonde, porteuse
d'actes ou d'événements inattendus. Combien de fois ne
s'était-il pas étonné, émerveillé même, de s'être retrouvé
dans des situations, d'occuper tel poste ou de s'être laissé
glisser en tel voyage que jamais il n'aurait pu prévoir?
N'en allait-il pas de même de toutes les «rencontres», au
sens que Descartes donne à ce terme dans le *Discours de la
méthode*, que la vie peut nous ménager, si souvent décon-
certantes? Elles nous font dévier de la route que nous
croyions suivre, pour nous laisser entendre que, souterrai-
nement, obscurément, nous en suivions une autre. Nous
contemplons trop souvent notre avenir ainsi qu'une
perspective ordonnée à partir d'un foyer situé en un lieu
quelconque de notre «esprit». Nous croyons pouvoir
avancer dans la direction de cette perspective, le plus
fermement possible, en ne concédant qu'une part minime
au hasard, aux obstacles ou inconvénients qui risquent
de survenir.

Descartes lui revint encore, ou plutôt une image empruntée à l'un des rêves qu'il fit dont il dit qu'ils décidèrent
de sa «vocation» : il se voit lui-même courbé, pourchassé
par le vent, incapable de se redresser et trouvant refuge en
une église, ce même Descartes qui, bien éveillé cette fois,
écrivit : «Et j'avais toujours un extrême désir d'apprendre
à distinguer le vrai d'avec le faux, pour voir clair en mes
actions, et marcher avec cette assurance en cette vie.» Ne
peut-on supposer que c'est ainsi porté par la fortune,

courbé par le vent et menacé de perdre toute direction qu'il s'est retrouvé en ce poêle d'Allemagne où, victime d'une véritable tornade de rêves, comme illuminé, il conçut sa «vocation»? Abandonné à la fortune, livré aux aléas du voyage, plus ramené que jamais à sa précarité, ne serait-ce pas alors qu'il aurait découvert toute la joie qu'on trouve à *se circonscrire*, à saisir ce qui, de soi, quoi qu'il en soit de la fortune, ne se défait pas et résiste, tel un noyau indestructible? Ainsi fixé de l'intérieur, ou du moins amarré, n'est-il pas *libre* en retour désormais d'errer, de se mouvoir, sans plus de souci de sa «destination»? Telle serait sa découverte : non tant, comme on a coutume de se le représenter, d'en finir avec le hasard, la fortune pour s'assurer d'un monde devant soi à conquérir et organiser que de pouvoir enfin se livrer au monde en toute liberté, en «jouer» désormais sans crainte parce qu'enfin «sûr» de ce qui le circonscrit, le pose dans sa différence irréductible. Apprivoisée dès lors la peur de se laisser déporter hors de soi par ce qui peut advenir! Plus «sûr» en ce sens, mais pas triomphant pour autant, malgré certaines pointes, inévitables, de joie débordante à découvrir que, de soi-même ainsi circonscrit, de *l'idée* de soi-même de la sorte advenue, se libère la possibilité même de *l'idée*, des idées de ce qui n'est pas soi-même ; de la chose, de l'événement, de l'être, l'idée est désormais possible qui ne soit pas que «projection» aveugle d'un «moi» qui ne saurait faire la part de ce qui est lui et de ce qui ne l'est pas (n'advenant à soi qu'à travers une image de lui-même confondue avec celle des choses).

Tant, en effet, pensait-il, que l'on ne parvient pas ainsi à se circonscrire (et il se rappelait que c'était tout l'art de Rousseau dans les *Rêveries* que de tenter d'y parvenir), l'on ne cesse de se projeter sur les êtres et les choses, se prenant pour eux, les prenant pour soi, incapable au fond de se supporter soi-même et de supporter les autres, êtres et choses dans leur différence, dans ce qui, d'eux, ne se ramène pas à soi et ainsi nous échappe. Ainsi était-il plus que jamais stupéfait de tous les malentendus qu'accumulent les épigones à propos des auteurs dits « célèbres » (comme Descartes ou Rousseau), dont l'un des plus connus revient à faire de la pensée de Descartes la pensée maîtresse du technicisme conquérant qui domine aujourd'hui. Pensée maîtresse de ce qu'on appelle pompeusement « modernité », en quoi peut-être ils n'ont pas tort, mais pas nécessairement au sens où ils l'entendent... pensée de la circonscription du moi et de la liberté, laquelle, rendant le moi à lui-même, le rend aux choses du même coup. Dès que je sais, en effet, à quoi m'en tenir à propos de moi-même, parce que je me suis, de l'intérieur, avec attention et patience, assuré de ce qui, de moi, est irréductible et de la possibilité que j'ai en toutes circonstances et où que ce soit de m'en remettre à « cela » en toute confiance (telle était, selon lui, l'essence même de la modernité qui consiste en cette possibilité à laquelle accède l'individu de se détacher des liens et des croyances communautaires et traditionnels), c'est alors que je puis enfin, en toute liberté et en toute clarté (avec « clarté et distinction »), penser chaque chose pour ce qu'elle est, chaque être aussi, sans confusion, sans les prendre pour moi ni me prendre pour eux : c'est-à-dire en concevoir l'idée, simplement, avec la netteté et le déga-gement que cela suppose, et, de la sorte, les rendre à eux-mêmes du même mouvement que je me trouve rendu à moi-même. Si l'un ne va pas sans l'autre, alors on se trouve à bonne distance de toute attitude de domination :

«*comme* maître et possesseur de la nature». «Comme» : libéré d'une dépendance excessive à l'égard des *images* des choses et des êtres dans lesquelles si souvent le moi se complaît en même temps que dans une image de lui-même. C'est ce savoir par images qui nous emprisonne dans une représentation de la nature et de l'homme où l'un se trouve asservi à l'autre et dont on ne se libère que lorsqu'on parvient à se circonscrire hors-image, dépouillé et nu. On advient alors à ce dégagement, cette liberté, cet *espace* intérieur et extérieur, ce jeu qui, laissant être ce qui est, nous rend «souverains», «*comme* maîtres et possesseurs de la nature», comme si désormais l'on n'avait plus de comptes à rendre à une image de la nature ou de soi-même.

Produire l'idée de quelque chose, pensait-il, c'est sans doute *saisir*, mais c'est d'abord *être saisi*, et, du même coup, dessaisi de l'image, c'est-à-dire de la prise imaginaire que tel «objet» exerçait sur soi; c'est rendre cet objet à lui-même, c'est se rendre à soi-même et ainsi devenir libre. Libre, par exemple, de penser à quelque usage de cet objet, sans que, pour autant, ce dernier s'y réduise ni qu'on se réduise soi-même à ne plus en être que le «manipulateur», l'«utilisateur». Ce n'est pas parce qu'il sert que cet objet se réduit à ce service, au contraire, désormais, *je* sais que c'est parce qu'il ne s'y réduit pas qu'il peut servir. Maintenant que j'en ai conçu l'idée, que j'en ai saisi la «nature» en ce qu'elle a d'irréductible, affirmant ce qui, de l'objet, ne se ramène à rien d'autre, à aucun autre objet ou «sujet», c'est alors qu'il devient possible d'en penser *l'usage spécifique*, indépendamment de moi-même, jusque-là trop occupé à me «retrouver» en lui. L'objet dès lors peut exister d'une vie libre : son idée ayant été produite, son «essence» dégagée, on peut en retrouver l'image, sans confusion ; son utilité définie, on peut l'en dégager et désormais en jouer imaginairement en toute liberté. La *perception* peut enfin advenir pour elle-même (sans prétendre renvoyer à un «autre monde»), la «chair» de la chose apparaîtra pour ce qu'elle est, sans confusion avec la mienne ni avec celle de «Dieu».

... et il pensait qu'il devait désormais toujours plus apprendre à se réduire à lui-même, s'assurant du rapport à ce noyau en lui qui le fait être et penser, offert cependant à ce qui peut advenir au hasard du chemin, de ce chemin qui n'a d'autre terme que la mort (... y croyait-il à cette mort? Était-elle si tragique? Et ce repos, cette détente de l'être épuisé qui s'ouvre...?); ouvert, mais sans rien forcer ni vouloir autre chose que ce qu'il parvient à bien concevoir, sans effort particulier ni visée, quelle qu'elle soit, au moment où cela s'impose, de soi-même, avec clarté et netteté. Il apparaissait ainsi que ce n'était pas toute volonté qu'il récusait (au contraire, pensait-il, il avait toujours su qu'il fallait vouloir, d'ailleurs il *voulait* ardemment) mais celle qui, aveuglée par une image d'elle-même et des choses qu'elle convoite – pure convoitise donc – se trouve débordée, se porte vers n'importe quoi, tout et rien, asservie aux occasions et aux images des choses... Au contraire, pensait-il, vouloir ce qu'on conçoit bien, c'est-à-dire ce qui s'impose en toute clarté et distinction, advenait *comme* sans effort, sans tension... à des lieues de toute convoitise impérialiste. Ainsi confondait-on le plus souvent «volonté» et «convoitise», par impatience comme toujours, goût d'en finir, dirait-on, avec ce qui ne vient pas assez vite, «aussi vite qu'on voudrait», selon l'expression courante... «alors, appuyons à fond sur le bouton d'accélération du temps, convoitons, possédons, prenons, dominons.»

Vouloir relevait plutôt d'une adhésion très ferme, patiente et libre à ce qui s'est imposé et s'impose : un goût, un désir de s'y *tenir*, quoi qu'il arrive, parce que cela ne fait pas de doute, si minime, invisible et anonyme que cela fût, s'y tenir... laisser passer les images tentantes peut-être mais enfermantes aussi de par leur caractère clos, sans au-delà, sans avenir. Maintenant, il en était sûr, plus que jamais, il fallait savoir attendre, rester calme, en toute confiance, se défaire de tout ce qui encombre et alourdit, se maintenir ouvert, prêt à être saisi par ce qui apparaît, sans confusion, avec une sorte d'évidence tenace, y adhérer lentement mais fermement...

(et le temps qui lui restait, il le passerait ainsi...)

EN UN CERTAIN
MILIEU...

Improviser, pensait-il. Pratiquer l'art du fragment. Qui épouse au plus près les pensées, le mouvement, le rythme unique des pensées de chacun. Penser ici à Glenn Gould, se disait-il, à la musique de Glenn Gould. À ce qu'écrit Thomas Bernhard dans *Maîtres anciens*, lorsque son personnage Reger, cet autre lui-même, parle de cette fameuse salle Bordone du Musée d'art ancien comme de sa « chambre de pensée », là où, disait-il, lui viennent ses meilleures pensées.

Improviser, se disait-il, n'était possible que si un lieu avait été trouvé et surtout, à partir de ce lieu, un milieu inventé.

Il revenait souvent à cette idée de « milieu » qu'il appelait aussi parfois « atmosphère » : à quel point c'était là la première création, tenant à la fois du hasard et de la nécessité, le hasard ayant fait que tel lieu apparaisse ou ait été découvert, variable selon chacun, variable également pour chacun tout au long de sa vie. Tantôt cette pièce, pensait-il, s'était trouvée élue, sans qu'il sache trop pourquoi, puis abandonnée au point de se demander comment il avait bien pu *pendant des années* s'y retrouver si souvent, à cette même place, le confort, à vrai dire, important fort peu – il pensait à ce divan où il s'était assis pendant des heures plusieurs jours par semaine, des années durant – non, cela n'avait pas grand-chose à voir avec le confort, mais plutôt avec une certaine qualité d'attention et d'écoute qu'à chaque fois il y trouvait, attention tournée vers l'intérieur, écoute des pensées qui lui venaient. À quel point, s'étonnait-il, c'était là son « activité », si le mot convient, essentielle et sa trouvaille dans l'existence : écouter ses pensées, développer une attention toujours plus fine, plus aiguisée aux pensées qui lui venaient, sans interférence ni intervention, sans précipitation, à l'affût des moindres nuances. C'était bien en effet de *ses pensées* qu'il s'agissait, beaucoup plus que de *sa pensée*, cette dernière n'existant qu'à travers des lambeaux de pensées qu'une curieuse nécessité accrochait les unes aux autres : recueillies apparemment au hasard, c'était merveille, se disait-il, qu'elles puissent se rattacher les unes aux autres par on ne sait quel fil, dessinant dans un espace invisible une configuration, voire une constellation, à la fois imaginaire et réelle, mais telle que les mots, les phrases puissent dans une certaine mesure en rendre compte. Il en allait de même, songeait-il, des formes et des couleurs pour les peintres, des sons pour les musiciens. C'est ainsi qu'il pensait à Glenn Gould, à l'assiduité de son écoute de la musique de Gould, dont il se souciait peu de savoir si elle était ou non bien fidèle à Bach – ce n'était sans doute pas de Bach qu'il était d'abord question, mais de Gould lui-même, de sa vie pensante, du rapport à ses pensées, Gould trouvant chez Bach, non seulement chez lui mais sans doute surtout chez lui, un point d'appui à ses propres pensées, une rythmique qui lui permettait de dégager et de faire advenir la sienne propre, comme s'il fallait ainsi prendre appui pour penser par soi-même, – mais n'était-ce pas là la «culture», hors de toute affectation, de toute mondanité? – sur «plus grand que soi», mais pas n'importe lequel, il fallait chercher et découvrir l'œuvre où pouvoir prendre appui. Telle était la quête, la recherche proprement «culturelle» : où prendre appui pour parvenir à écouter ses propres pensées, comme s'il fallait ainsi, abandonné au rythme des pensées d'un autre, à la forme unique qu'elles dessinent, les épouser dans le mouvement même du sein duquel elles émergent, peu importe la «matière» dans laquelle elles s'incarnent, cela est secondaire, de toute façon, c'est de *signes* qu'il s'agit, mots, sons, formes et couleurs, gestes dans l'espace, de signes dont on peut jouer, dont chacun apprendra à jouer de façon singulière – telle sera sa marque, tels son *chiffre*, pourrait-on dire, sa trace inimitable, sa signature.

Voilà, c'est *cela* que je laisse, cela qui de moi est laissé : à vous de le recueillir, s'il vous parle ou vous appelle. Signes inscrits dans la matière (traces, écriture, chiffres) mais immatériels aussi, insaisissables, invisibles (l'au-delà des mots, des couleurs) inaudibles (l'au-delà des sons) : cette tension vers l'immatériel immanente à tout signe que Platon donne à *sentir* dans *Le Banquet* particulièrement, le problème étant toujours dans la philosophie classique *la séparation* à laquelle on se sent obligé de procéder entre les «régions» ou «sphères» matérielle et immatérielle... Pourquoi séparer après tout... si ce n'est par insécurité, crainte de perdre le rapport à... ce qui est perçu comme si précieux, unique, inouï et pur de s'être ainsi dégagé du corps qu'on aimerait y rester suspendu indéfiniment, ne plus en décrocher? C'est cette tension inhérente

au signe, se disait-il, dont on cherche en toute activité
créatrice à éprouver l'enjeu, voire le drame, entre l'ici-bas
et l'au-delà, le matériel et l'immatériel, cherchant le plus
longtemps possible à s'y tenir, chaque œuvre étant ce
miracle enfin advenu du *dessin* dans l'espace invisible
d'une configuration visible ou audible de pensées, d'une
constellation...

Pourquoi se rappelait-il depuis le début de cette
matinée, pourquoi *maintenant*, cette exposition des dessins
de Modigliani et surtout le rapport suggéré entre ces dessins et la sculpture africaine, pourquoi, en cette matinée
de mars ? N'était-ce pas à la même époque l'année dernière
qu'il y était allé – il faisait chaud et lourd, il avait marché
de chez lui jusqu'au musée, traversant la montagne, seul,
en quête, ardent, comme si souvent il avait été dans sa vie,
sans savoir de quoi, pourquoi, mais toujours, en apparence
du moins, de *quelqu'un* – en réalité qu'en était-il ? – mais
peut-être surtout du *milieu*, de l'atmosphère propice à
rêver, à une libre rêverie, libre quoique toujours orientée
pour ne pas dire aimantée, d'où surgissent des configura-
tions insoupçonnées de pensées – bien que toujours *un peu*
soupçonnées. Il avait ainsi marché, traversé la montagne
jusqu'au musée – il s'y était attardé, filant un désir, il savait
bien que c'était un désir, mais pas très bien de quoi ou
de qui...

Un désir, toujours le même, indéfinissable, sans objet...
d'où cet étonnement, cet émerveillement lorsqu'il s'était
trouvé dans *Le Banquet*, face à cette définition de l'amour
comme «engendrement dans la Beauté, selon le corps et
selon l'âme» – approche de ce qui, émouvant en soi la
fécondité, éveille le Désir... Peu lui importaient en elles-
mêmes les diverses étapes qui mènent au Beau absolu, il

savait très bien à quel point ce frémissement évoqué par
Platon – et peut-être au fond était-ce de cela d'abord qu'il
tentait de rendre compte – était le «lieu» par excellence
de son désir... la quête de ce frémissement qui met en
mouvement le désir d'enfanter, que c'était bien là ce que
toujours il avait cherché, difficile à trouver, nécessitant
des parcours imprévisibles mais nécessaires vers des lieux
«appréhendés» qui pouvaient aussi bien s'avérer vides,
vacants, comme, ce jour-là, ce musée. Porté, se sentait-il,
vers tel lieu où pouvait se produire, se re-produire le
«miracle» de l'apparition d'un «milieu»: en un lieu
donné vers lequel a conduit un parcours en apparence
hasardeux mais en réalité nécessaire, à la faveur d'un
concours d'éléments à peine identifiables se trouvant en
un certain rapport d'équilibre, se réalise un *accord* inattendu, le miracle d'un accord où tout est en suspens, ou
plutôt comme suspendu: cette suspension d'éléments au
sein desquels l'«âme», dirait-on, se dilate, se déplie,
s'abandonne, s'ouvre, telle une fleur, – comment éviter
cette métaphore? – éclôt et accueille ce qu'il en est de ce
qui est. C'est ainsi qu'elle est fécondée: des signes, une
configuration inouïe de signes en surgira, mais pas immédiatement... ce qui s'écrit ici maintenant, pensait-il,
s'était peut-être trouvé fécondé là il y a maintenant un an,
voilà peut-être pourquoi il y pensait...Il se savait toujours
ainsi en quête, suivant dans l'espace des trajectoires en
réalité invisibles, en quête de «nouveaux» milieux d'éclosion – et il ne pouvait faire autrement que d'y lier, sans
doute comme Platon, l'apparition en ce chemin, cette
quête, de ce que Platon appelle un «beau corps», un peu
naïvement au fond... Il ne se voyait pas rencontrer,
connaître quelqu'un autrement que du sein de ce parcours,

rencontre imprévue de trajectoires dans l'espace, à la fois tout à fait hasardeuse mais en réalité nécessaire. Il ne pouvait faire confiance qu'à ce hasard extrême parce qu'au fond, il en était convaincu, c'était la nécessité extrême, celle qui ne laisse aucun doute, contrairement à tout ce qui est poursuivi et cherché par la *volonté* – il fallait consentir à attendre et à perdre ce qui résulte d'une *décision* ou d'un prétendu *choix*... Comment ne pas douter en effet? Telle était la question qui ne le lâchait pas et le retenait de décider, de vouloir «abstraitement» quoi que ce soit de ce qui ne viendrait que de «moi», de «ma» volonté, de «ma» capacité de décision, alors que je savais très bien être perclus de doutes et tiraillé d'hésitations, comment, se demandait-il, faire confiance à ce que je sais plus changeant et influençable que tout, «moi», si inconsistant? Il ne croyait, il ne croirait, pensait-il, *qu'en ce qui le saisirait absolument*, de l'intérieur, ne lui laissant aucun choix, faisant taire toute délibération : ce qui s'emparerait de lui... Il désirait être *ravi*, il savait n'attendre, n'espérer rien de moins qu'un *ravissement absolu*... D'ici là, il cherchait ce qui, au moins l'espace d'un instant, peut-être plus longtemps, le ravirait, l'emportant comme en un milieu *autre*, immatériel tout en étant matériel, tel un sourire, celui, pensait-il, de l'ange au sourire, ce frémissement de l'être, cette échappée d'esprit de l'intérieur du corps, du visage, qui ouvre, éclaire tout le visage, cette éclosion d'être à même le visage, et cet abandon, cette détente du sein de ce qui accueille ainsi... Comment aurait-il cru à l'«objet» de son désir, que, par un acte de sa volonté, il aurait élu, conformément à ce qu'il aurait cherché, alors qu'il savait très bien *ne pas savoir* ce qu'il cherchait? Certes, comme tout le monde, *il se figurait, il s'imaginait,*

mais comment aurait-il été dupe alors qu'il savait fort bien
ne se figurer, n'imaginer que ce qu'il connaissait déjà, alors
que, se disait-il avec ardeur, ne m'intéresse que ce que
«je» ne connais pas? Comment donc l'obtiendrais-je en
«appuyant sur un bouton» commandé par la «volonté»
au service de l'«imagination»?

Du reste, il savait aussi qu'il ne s'agissait pas d'*obtenir*
quoi que ce fût, mais bien plutôt de *perdre*, de *se perdre*,
pour se re-trouver *autre*, que, s'il était en quête de
quelqu'un d'autre, il était infigurable, peut-être même
n'apparaîtrait-il jamais, peut-être ne *devait*-il pas apparaître... voilà ce qu'il se disait, se dissuadant plus que
jamais de quelque acte de «volonté» susceptible de *fausser*
son destin, auquel il savait *devoir* se livrer absolument – tel
était bien le seul *devoir* auquel il consentit de se plier, le
devoir de son destin, l'impératif catégorique de sa destinée
en son mouvement et sa force à la fois invisibles et invin-
cibles... Peut-être ne *devait*-il pas rencontrer quelqu'un,
il ne le savait pas, mais il craignait au fond que tel ne fût
l'arrêt du destin en sa rigueur, et à cette rigueur si difficile
il n'était pas question pour lui de se dérober, cela, il le
savait, quoi qu'il en fût de ses «rêves» et «imaginations».
L'essentiel n'était pas là, il le savait, mais *ailleurs* où l'en-
traînaient ses pas lorsqu'il marchait, seul, à toute heure,
par tous les temps, *seul*, comme ce jour-là, il y a un an, à
travers la montagne, vers le musée, toujours ardent,
espérant: «si quelqu'un, se disait-il, pouvait croiser ma
route!», sans cependant se faire d'illusions... en route vers
le musée, en attente de... ce miracle de l'*apparition d'un
milieu*, concours unique d'éléments divers favorisant
l'abandon, l'ouverture de l'âme, le libre écoulement des
pensées, leur écoute silencieuse et ravie jusqu'au jour où,

par on ne sait quel hasard ou plutôt nécessité à laquelle il n'était pas question de se dérober, elles trouveraient à s'exprimer dans une forme dessinée par des signes imprévisibles, peu importait de quelle nature seraient ces signes... mais il se doutait bien que ce seraient, en ce qui le concernait, des *mots*, à moins qu'il ne s'agisse de signes plus invisibles encore qui lui échappaient et qui, mieux que les mots, mieux que les formes et les couleurs, mieux que les sons, à peine matériels, presque plus matériels, exprimeraient l'invisible de plus près encore... Peut-être était-ce ce dont Platon s'était approché, ce dont il avait voulu rendre compte à travers ce qu'il appelait « idée », qu'aucune forme ne peut vraiment épouser, aucun signe vraiment traduire, mais qui n'en existait pas moins et peut-être même *plus*. Et il se prenait à penser que son propre rapport si ambigu à l'art, à la fois empreint de méfiance et de curiosité, procédait peut-être d'une méfiance à l'égard de signes encore trop explicites dans leur matérialité exhibée... qu'il était en quête d'un art plus secret, plus discret, plus invisible... Comment dès lors aurait-il été dupe de son moi, de son *pauvre moi* ? Et il pensait à Pascal, à ce Pascal qui hante subtilement les nuits de Descartes, ce Descartes que pourtant il aimait tant...

MOI, SEUL

Sans doute lui était-il fort difficile d'agir. Non qu'il soutînt quelque position philosophique qui le mît en garde contre les insuffisances et la confusion inhérentes à toute action, mais il avait souvent peine à *croire* à ces *positions* que l'on est amené à prendre lorsque l'on *s'engage* dans un sens plutôt que dans un autre. L'«objet» lui avait toujours posé problème : l'objectivité, l'objectivation. Comment ne pas y éprouver une restriction du champ du possible, de l'horizon des rêveries et du cours des pensées? À cette restriction, il savait bien sûr que l'on ne peut éviter de consentir chaque jour, chaque fois que l'on prend telle direction plutôt que telle autre, que l'on s'adonne à telle activité, que l'on procède à telle «intervention». Cependant, il redoutait au plus haut point l'appauvrissement de la réalité intérieure, le risque de banalisation qui guette quiconque s'inscrit dans le réel avec une insistance trop marquée, un souci trop évident du confort. En toute situation, il cherchait d'abord à «décoller» du réel, à se dégager d'une adhésion trop naïve vécue comme «naturelle», à faire exister comme préalable indispensable à toute parole, discussion, position, un «climat», une «atmosphère», qui, dégageant chacun de lui-même, du lieu où il se trouve, de la tendance à se fondre aux autres qui l'entourent, le mît en rapport avec un autre «espace», irréductible à des coordonnées fixes, plus propice à *l'écoute* de ses états et pensées. Il se souvenait de la phrase de Descartes empruntée à la pensée des stoïciens où il dit «tenter de m'accoutumer à croire qu'il n'y a rien qui soit entièrement en notre pouvoir que nos pensées», se disant que c'était là pour chacun le territoire premier de son être que l'on est comme inévitablement porté à recouvrir, à masquer au profit d'un territoire déjà là, établi, dûment circonscrit par des bornes jugées immuables.

Comment était-il possible en effet de parvenir à dire «je», un «je» doté de quelque consistance, sans qu'il soit issu d'une fréquentation longue et patiente de ce flux de pensées dont le mot «territoire» ne rend pas suffisamment le caractère mouvant? Or, ce flux, personne ne le commande, il vient au «je». Lorsque Descartes écrit la phrase fameuse du *Discours de la méthode* qui se termine ainsi: «n'ayant d'ailleurs par bonheur aucuns soins ni passions qui me troublassent, je demeurais tout le jour enfermé seul dans un poêle, où j'avais tout loisir de m'entretenir de mes pensées», n'exprime-t-il pas l'état d'être d'abord essentiellement passif de ce «je» qui «s'entretient» ainsi de ce qui lui vient, faut-il insister, bien *malgré lui*? D'ailleurs, le *Discours* n'est rien d'autre qu'un tel entretien avec ses pensées, c'est-à-dire avec cet autre qu'il trouve en lui-même. N'est-ce pas avec un tel dialogue que toute pensée émerge, que toute «philosophie» apparaît? La philosophie est-elle rien d'autre que ce «dialogue» poursuivi à l'infini? Quel serait le terme d'un tel exercice en effet à partir du moment où l'on reconnaît que ce flux de pensées est inarrêtable et que nul ne le commande ?

Il est bien caractéristique, pensait-il, d'une certaine non-pensée qui se voudrait « philosophique » de se présenter d'entrée de jeu toute armée d'« idées » et de « thèses », appuyées sur des « références », qu'elle se fait forte de « défendre » et de « justifier » au moyen d'« arguments » immédiatement produits. Ce recours sans délai aux « arguments » est en lui-même un aveu d'impuissance, pensait-il : aucun, en effet, n'est jamais vraiment nouveau ni conçu autrement qu'il n'amène sa réplique, tout aussi prévisible, mettant en mouvement cette espèce de discussion-négociation aussi appelée « débat » dont l'impasse est d'avance prévisible, sinon prévue, puisque, au départ, chacun des interlocuteurs s'est refusé à lui-même en se fermant au dialogue qui, à l'intérieur de lui, pouvait s'engager. Or, de l'intérieur de ce dialogue, si rien n'est fixé ni nettement arrêté, rien non plus n'est figé. La pensée s'y essaie, c'est là sa première réalité : l'un répond à l'autre incessamment. Certes, il est une *insistance* que l'on peut déceler de l'un par rapport à l'autre, une *tendance* de l'un à prévaloir sur l'autre. Les forces ne sont jamais égales : celle qui porte une pensée n'est pas égale à celle qui en porte une autre. De ce point de vue, elles ne se valent pas, mais elles n'en sont pas moins inscrites dans un rapport de lutte, de discussion, dont l'issue n'est jamais décidée une fois pour toutes. Or, toute « discussion » entre interlocuteurs différents se trouve faussée à partir du moment où l'un des deux n'admet pas que sa pensée est présentement *en train de se faire*, que si, présentement, il tient une parole qui tend en tel sens, ce n'est pas pour autant sa *position*, mais seulement une *tendance* qui cherche à s'imposer par rapport à une autre qui est *aussi* en lui et dont il n'est pas entièrement détaché. Bien au contraire, il n'a de cesse de débattre avec elle, et telle l'hydre aux mille têtes, elle renaît sous une forme nouvelle. Dès lors, le débat avec l'autre (interlocuteur) devient possible, puisque j'écoute en l'autre, j'entends formuler ce qui se chuchote à l'intérieur de moi. Cependant, si l'interlocuteur n'en finit plus de brandir sa « position » et de la « défendre », comment lui opposer la *nuance* qui, nécessairement, en même temps la colore ? Ne lui faudrait-il pas alors « reculer », consentir presque à se « contredire », nier en même temps ce qu'il affirme ? Et surtout, se « décaler » par rapport à lui-même, se détacher du sol de son « je » assuré ? Voilà la difficulté, l'écueil auquel le plus souvent se heurte la discussion : la résistance à se détacher de soi, l'insécurité d'être livré mais surtout d'*apparaître* livré à un certain aléa à l'intérieur de soi, avec lequel il paraîtrait impossible d'en finir une fois pour toutes. Dès lors, tel apparaît démuni aux yeux de l'autre, *pauvre*. Hésitant, mal assuré : lieu d'un débat sans fin, d'un flux et d'un reflux incessants de pensées et de « positions » contradictoires. Comment serait-il encore « pris au sérieux », comment prétendrait-il même être « quelqu'un » ? Qu'en serait-il dès lors de ce « je » autrefois si fier ?

Si Descartes donne ainsi que l'une des maximes de sa « morale provisoire » de « tâcher toujours plutôt à me vaincre que la fortune, et à changer mes désirs que l'ordre du monde : et généralement de m'accoutumer à croire qu'il n'y a rien qui soit entièrement en notre pouvoir que nos pensées... », n'est-ce pas avouer que ce qui serait ainsi « en notre pouvoir » ne s'y trouve que dans la mesure où il y échappe, que le « pouvoir » en question consiste à régner sur un territoire qui ne m'est propre que dans la mesure où, m'en trouvant sans cesse désapproprié, c'est néanmoins *moi* qui subis cette désappropriation, c'est à *moi* qu'elle advient, qu'en conséquence il est incontestable que je fais l'expérience de n'être pas rien, mais bien quelque chose, ce quelque chose auquel justement cette constante désappropriation de ce qu'il est, ou, du moins, croit être, advient. Là s'éprouve le «je» comme limite indépassable, comme «résistance», «chambre de résonance», «monade» irréductible. Cependant, cette «monade» est un «monde», du moins en dessine les limites en tant que frontière toujours en train de reculer et de se redessiner. «C'est bien moi, il n'y a pas de doute», ça rebondit sur quelque chose, ça heurte quelque chose, toutefois, ce «quelque chose» n'est rien sans ce qui le heurte, rien sans ce qui lui advient, l'oblige à reculer, à se refaire, à se redéfinir, impensable hors de ce dialogue le plus souvent inégal, brisé, voire refusé avec un autre difficile à cerner, impossible à identifier, mais qui, pourtant, n'est de l'ordre ni des sensations, ni des impressions, mais plus invisible, intangible, insaisissable, de l'ordre de ce qu'il faut bien appeler «pensée». «Je n'ai rien en mon pouvoir que mes propres pensées», «je ne suis rien d'autre que ces pensées qui m'adviennent»: n'est-ce pas admettre que, s'il est bien une limite irréductible à laquelle ces pensées viennent se heurter, il serait faux de dire que je ne suis jamais «moi» autant que de penser ce moi comme une entité close, dûment identifiée, qui en fait «à sa volonté» avec «ses» pensées?

De ce point de vue, pensait-il, le «moi» ne fait jamais face à l'objet, chez Descartes moins encore que chez tout autre. Pourquoi, cependant, ce besoin de toujours le définir par ce «face-à-face» et de l'y réduire? Toujours l'avait étonné chez Descartes, et sans doute est-ce là qu'il le rejoignait au plus près, cette disposition, pour ne pas dire cette vocation, à l'errance, au déplacement, cette insistance mise à se déraciner dans tous les sens du terme... Se pouvait-il que ce mouvement fût étranger à la découverte et à l'affirmation du « je » ? Ou n'est-ce pas plutôt de l'intérieur même de cette errance, de cet effort incessant de déracinement, de ce *désir* de « m'éprouver *moi-même* dans les rencontres que la fortune me proposait », qu'il a fait l'expérience de ce qui, à travers toutes ces « rencontres » au hasard de la « fortune », résistait, ne se confondait avec ni ne se réduisait à aucune d'entre elles, mais plutôt continuait, subsistait, *comme* identique à lui-même ? Peut-on supposer qu'il eût éprouvé cette limite, cet irréductible, s'il ne s'était ainsi livré à toute l'altérité de l'expérience ? Eût-il pu la saisir, et, s'y heurtant, se saisir et ressaisir, s'il ne s'était ainsi éprouvé, exposé aux aléas de la « fortune » ? N'est-ce pas à dire que c'est de cet ailleurs éprouvé au fil de son désir de déracinement et de voyage qu'il parvient à lui-même et qu'il n'eût pu y parvenir autrement ? Il lui fallait se détacher, partir, se livrer à l'inconnu pour advenir à lui-même, « point fixe » peut-être, mais à la manière d'un esquif au-dessus de la mer tumultueuse, où il se trouve *seul*. Ainsi écrit-il cette phrase maintenant célèbre : « Mais, comme un homme qui marche seul et dans les ténèbres... » Qu'est-ce à dire sinon que, livré seul à l'inconnu, sans voir clair ni savoir où il va, ce n'est que fort prudemment qu'il avance, *s'assurant de chaque pas* ? D'emblée, il n'est pas assuré, n'oublions pas ce rêve où il se voyait courbé sous le vent, assailli : il doit faire l'effort de s'assurer de chaque pas, *seul*, ne s'en remettant à aucune « démarche » déjà éprouvée. Néanmoins, s'efforçant ainsi seul, il parvient à avancer, pas à pas. Il se tient par lui-même, il avance, et, à chaque pas, il dégage quelque lumière des ténèbres... Comment dès lors, pensait-il, n'aurait-il pas éprouvé, puis pensé qu'il existe bien un «quelque chose» qui fait que ce drôle de «suppôt» qu'on appelle «homme» existe, que ce «quelque chose» est en lui et qu'il lui permet d'avancer seul, de se mouvoir par lui-même, de dégager le «sens»? Cependant, se disait-il, il me faut le quitter pour qu'il m'apparaisse, du moins que je quitte une apparence de «moi-même», un «moi-même-pour-tous», que j'ouvre une brèche à l'intérieur de ce que j'appelais jusque-là moi-même, fruit de mes précepteurs et des influences subies depuis l'enfance : autre chose apparaît alors, non tant d'abord un point fixe tel un atome face au monde, qu'un *espace* qui, à la faveur de la traversée de l'espace extérieur, du voyage, s'ouvre, un *espace intérieur* auquel je suis ramené sans cesse dans mes déambulations et «rencontres» et qui n'apparaît qu'à *moi seul*, en tant que je suis livré à moi-même, dégagé de ce qui me retenait, ainsi que dans ce «poêle», où je m'abandonne à ce *dialogue* qui n'a de cesse entre «mes pensées», *cela* qui m'advient sans cesse, jusqu'à me hanter, y compris dans mon sommeil à travers mes rêves, et ce que je ne puis appeler autrement que «moi», quelque chose de fixe et d'*éveillé*, comme une *limite* à laquelle je suis toujours renvoyé, à laquelle je ne puis échapper au risque de sombrer...

CELA, MOI ?

Ce passage... du réel à l'irréel qui advient soudainement, à l'improviste, à l'occasion de... Ce qui, alors, est entrevu et se révèle... Ce n'était rien, me direz-vous, moins que rien... Ce qui est aperçu, entr'aperçu à travers ce regard, ce vers quoi il porte, n'est-ce rien non plus ? Et pourtant... cela me reviendra, ré-apparaîtra au hasard d'une rêverie..., la trace... tenace..., comme si... se trouvait entrevu là ce qui m'attend, non pas certes ce que je poursuis et me représente souvent sans difficulté, que j'aimerais tant voir se produire... Si enfin..., me suis-je plus d'une fois pris à souhaiter, depuis le temps que j'en rêve et m'en sens privé... (n'est-ce pas *cela* qu'il me faudrait ?) alors, je serais « heureux », du moins, plus « satisfait » que maintenant. Jamais, cependant, je ne prévois le « creux » qui survient, la déception, l'effondrement pourtant toujours au rendez-vous... Voilà vraiment ce que « je » n'avais pas prévu, qui dérange mes plans, déçoit mon attente, brise la perspective qui se dessinait devant moi... Une interruption, un bris, un contretemps, dirai-je, mais que – m'empresserai-je d'ajouter – « je » surmonterai, en y mettant l'« effort », la « volonté ». « L'homme vient à bout de tout» (n'est-ce pas?), «tous les obstacles finissent par céder» et, à nouveau, l'espace, l'esplanade se dégage, et «je puis avancer en ligne droite vers l'avenir», me guidant sur ce point au delà à partir duquel s'ordonne cette perspective. C'est alors quand même que «je me sens heureux», parce que je sais où je m'en vais et comment y parvenir, je maîtrise mon existence dûment ordonnée à un but, un «objectif», vers lequel je tends, arc-bouté à ma «volonté»...

Pourtant, puis-je me cacher que cela s'effondre? Ce sourire que j'attendais n'est pas venu, ce geste que j'espérais ne s'est pas produit... Je prévoyais un tranquille séjour en ce lieu éloigné, mais j'en fus empêché... J'aimerais tant que tu te rapproches de moi, mais tu ne viens pas... je «voudrais» que tu m'appelles et tu ne le fais pas... Pourtant, si tu le fais, j'en suis presque déçu... Ce n'est pas cela, me dis-je, que «j'»'attendais... Vienne l'effondrement! (Et pourquoi donc journaux, médias ne se nourrissent-ils que de catastrophes? Pourquoi est-ce toujours là la «nouvelle»? Certes, les événements dits «heureux» se soulignent et se fêtent, un certain «plaisir» s'y éprouve, jamais toutefois totalement dépourvu d'un certain ennui, ce sentiment étrange d'être à la fois rassasié et comme mal de l'être, à l'affût de la moindre distraction, quitte à provoquer un «incident» qui trouble la quiétude pourtant appréciée, mais devenue comme exaspérante.) Ainsi avais-je souhaité être pleinement reposé pour... (pour écrire, tiens, pourquoi pas?), mais de l'avoir ainsi souhaité et si vivement (trop vivement) a suffi justement pour troubler mon sommeil et me laisser indisposé... Était-ce vraiment ce que «je» désirais? Est-ce à dire que c'est lorsque je ne t'attendrai plus que tu apparaîtras? Il suffirait que je me le dise pour que... Et même quand je dis «toi», je ne sais pas ce que je dis, de qui je parle... Il «faut» vouloir et ne pas vouloir, espérer et ne pas espérer, se tenir vacant en étant occupé, se rendre là... avec un doute, le soupçon que ce ne soit pas *là* que l'on aboutisse. C'est qu'à tout moment ça meurt, ça disparaît, ça passe, là est le charme (la «nostalgie», dit-on), puisque, du même coup, autre chose apparaît, jamais vraiment «satisfaisant» (encore moins «comblant») mais *étonnant* tout de même (quoique inquiétant...).

Plus que jamais «offert», «exposé», démuni, victime possible... l'homme moderne... ce dont témoigne à qui sait lire mais surtout «sentir» cette prolifération de «prothèses» techniques dont il s'encombre, l'une appelant l'autre en une sorte de sarabande sans fin... C'est bien de son infirmité que cela témoigne, de l'impossibilité *réelle* qu'il éprouve d'agir sur sa vie... d'où cette manière de vivre hors de sa vie, hors de «soi» si tant est que ce mot ait encore un sens, de se couler dans un autre corps que le sien. Corps idéal? En tous cas, non-souffrant, dont l'«avantage» est justement de n'être pas sien, de soulager apparemment de la tâche d'être «soi», d'habiter en soi..., comme si la représentation à laquelle on s'est longtemps efforcé (peintres, sculpteurs...) du «corps idéal», «idéalement beau», ce corps rayonnant (de l'éphèbe grec), sûr de lui, convaincu de sa victoire sur la mort, était devenue réelle... C'est naturellement (entendre : sans effort) qu'on entre dans un autre corps que le sien qui n'est pas tellement *beau* que «fonctionnel», «économique», «efficace», répondant sans hésiter à la commande. La représentation du «corps idéal» n'a plus à être contemplée, c'est un *vêtement* que l'on peut porter, qu'on nous a représenté certes mais pour nous le faire « essayer », pour qu'on songe à se le procurer, à l'acheter. « Vous verrez comme vous serez bien, comme cela vous va bien, comme si... c'était le vôtre... vraiment, on ne s'en douterait pas, cela vous va à merveille comme si... c'était vous ! »

La pensée ne va pas sans hiatus..., le corps fait mal... à habiter, la vie fait mal... à vivre, sans cesse elle flanche, s'affaisse, se reprend, tombe en panne, est relancée. Vivre à côté, en dehors, est au fond tellement plus tentant, plus « séduisant », plus « beau »... Ce qui n'est pas moi est au fond tellement plus « beau » que moi, d'ailleurs ne suis-je pas « beau » qu'à condition d'être le moins possible moi-même : maquillé, costumé, « arrangé », « non, non, je n'ai presque plus l'air de ce que je suis, c'est à s'y méprendre »... « Mes traits tirés ont presque disparu, mes rides sont bien cachées, qui soupçonnerait ? » « J'ai l'air de... » « Je suis maintenant assez satisfait de moi, me voici présentable », « personne ne croira que... » Sauvé enfin, de ce séjour humiliant en moi ! Mais comment dire ? Qu'est-ce donc qui a changé ? Difficile aujourd'hui d'entrer dans ces « romans » des siècles derniers où duchesses et princesses rivalisaient de fausseté dans leurs atours, difficile d'entrer dans un tel *jeu*, car c'était bien un jeu dont personne n'était dupe en même temps que chacun ne songeait qu'à duper l'autre. « Jeu brillant », dira-t-on, qui nous fascine de loin ou fascine les quelques esthètes qui subsistent. Mais pour *nous*, modernes tardifs, ce n'est pas un jeu, c'est la « réalité », la dure « réalité » : *il nous faut* nous maquiller, costumer, nous constituer autres et *y croire*, sous peine de tomber dans la pire déprime, c'est-à-dire le sentiment de n'être rien... L'homme d'aujourd'hui ne se met plus en scène... il lui faudrait pouvoir jouer de l'écart entre l'image et soi, faire apparaître l'illusion comme illusion, mais cela risquerait de n'être plus un divertissement comme autrefois mais plutôt un *procès* où serait démasquée la fausseté d'une représentation qui ne renvoie plus à rien... qu'elle-même, et, du coup, voue chacun à son néant. Cela en effet, cette «vie moderne», cet «homme moderne», son travail, ses loisirs, sa vie sociale, voilà la *réalité*... On n'en est plus à jouer de ces images en une sorte de ballet étincelant, on en est à jouer sa vie en des images auxquelles on adhère comme à la réalité, comme à soi, de telle sorte que, si on se met à en jouer, à s'en jouer, une vague mais insistante impression de néant se met à s'insinuer... «Cela, *ma* vie, ma carrière, ma famille, etc., ce costume auquel j'adhérais au point de dire : c'est moi, voilà ce que *je* suis, ce que j'ai fait de ma vie, tout cela, construction artificielle totalement étrangère à...?» Mais à quoi donc? À «moi», dirai-je. «Moi», certes, mais alors je n'ai encore rien dit, surtout pas *cela*... qui souffre, geint, souvent se plaint («en effet, "je" me plains, même si j'assume ma vie, qu'il n'y a pas de doute pour moi que c'est bien "ma" vie, néanmoins, je me plains...») Serait-ce *cela*, «moi» et non ce que je fais de ma vie, ce que je produis et rapporte... *Cela*? *Moi*? Ce qui se plaint, n'est pas beau à voir ni à entendre...? Comment dès lors le représenter? Quels «personnages» mettre en scène? Quel «roman» composer? Quelle «pièce» imaginer? Certes, j'aime bien ces «films d'action» où les héros, si invraisemblables fussent-ils, luttent, les deux pieds dans le «réel» pour des enjeux faciles à saisir : argent, pouvoir, femmes; d'autant plus «réels» apparaissent-ils que nombre d'«effets spéciaux» nous les rendent tels... Mais enfin... chacun sait bien (au fond de «soi»?) qu'il ne s'agit pas de «soi» (c'est justement pour y échapper que l'on y va).

Dès lors qu'est-ce donc que l'on pourrait «représenter» de
«soi»? Y a-t-il rien là qui vaille d'être montré, représenté?
Après tout, chacun se débrouille avec «soi», il n'y a pas à
en faire état publiquement... Que pourrait-on «imaginer»,
«créer» à partir de cela? Certainement pas des «personnages»... Encore faudrait-il qu'ils «se tiennent», qu'un
certain principe intérieur les anime, les inspire, comme
c'était le cas des personnages des œuvres passées... Mais
soi? Qu'y a-t-il à en dire, à en «montrer»? Si l'on s'y met,
c'est presque rien qui apparaîtra, presque rien qui se
passera, presque rien qu'on y dira... mais quel ennui!
Mieux vaut sauter dans un autre corps, en d'autres corps,
bien rodés comme des machines, agissants, décidants,
toujours à frôler la catastrophe pour en sortir plus forts,
triomphants, avec plein d'humour en prime, dans cette
course fascinante que devient la vie!

    «Intériorité», dites-vous? Ne peut-on vivre sans cela
aujourd'hui? Certes, on peut prétendre rester fidèle à
l'idéal «classique» de la littérature (romanesque, surtout),
inventer des «personnages» auxquels on prêtera «toute
une intériorité» et combien de nuances psychologiques!
Cependant, n'est-ce pas inventer un homme sans consistance, un «épigone», sorte de clone de ce que fut l'homme
pendant des siècles, comme si... cela continuait, comme
si... les religions qui structuraient l'intériorité de l'homme
n'avaient cessé de jouer ce rôle, comme si l'homme *continuait* d'hériter d'une tradition d'intériorité, comme si le fil
de la tradition, de la transmission de l'intériorité ne s'était
pas rompu? Les œuvres qui prétendent «continuer» ont
cependant moins de réalité, de vertu, d'existence que celles,
bien d'aujourd'hui, où des «héros» entièrement fabriqués
pour agir, causer, jouir, sans aucun souci d'intériorité,

aucun principe intérieur, pures mécaniques, ont au moins la vertu de donner à voir ce que la civilisation moderne aspire à produire comme « hommes ». Il y a toujours plus de fausseté dans l'hypocrisie vertueuse (qui n'en peut plus de déplorer l'inculture des masses modernes) que dans la mise en représentation franche et sans nuances de l'« idéal » réel de l'homme, quitte à ce que ceux qui sont incapables d'y adhérer n'y croient pas, plutôt que de faire « comme si » (cela continuait sans rupture), avouent le néant qui les traverse, ce néant d'intériorité dont la civilisation moderne nous fait aujourd'hui une condition, voire un destin, auquel nul ne peut échapper, fût-il le plus « cultivé ».

Justement, sa culture, si elle est authentique, lui révélera à quel point le monde dans lequel il vit ne dispose plus de cette tradition, c'est-à-dire de cette « garantie » d'intériorité dont disposait le monde pré-industriel/technique, et le ramènera sans cesse à ce néant au cœur de lui-même. L'enjeu essentiel de la culture aujourd'hui n'est-il pas de nous rendre conscients de ce néant, sans pouvoir pour autant y faire échapper quiconque, chacun étant imprégné de l'« esprit du temps », qu'il le veuille, le sache ou non, qui affecte tout rapport aux choses, aux autres et à soi par sa manière propre d'aborder ce qu'il en est de l'homme, de la nature, de leur rapport ?

Si la « perte de sens », le défaut d'intériorité, une rupture dans la transmission des « contenus culturels » du passé caractérisent l'époque actuelle, il n'est d'autre alternative que d'en prendre acte et de redéfinir en conséquence le rapport qu'on entretient aux œuvres de culture, quitte à s'appuyer sur elles pour apprivoiser le néant. Aussi faut-il commencer par le reconnaître, et d'abord en soi, ce qui exige non tant d'abord un acte intellectuel qu'une attitude

de consentement à ce qui à tout moment risque de s'affaisser en soi, de manière à se rendre disponible à ce sursaut
d'intériorité, voire de créativité, qui peut advenir de l'intérieur même de ce qui s'affaisse, de la perte vécue et
consentie. Chercher à *dire* ce qui fait défaut, telle sera la
tâche, l'œuvre : dès lors, « construire » le moins possible, se
méfier des « personnages » que l'on devient ou que l'on
crée, des « attitudes » et des « poses », qu'il s'agisse de celles
du « croyant » comme de celles de l'angoissé, du sceptique
ou du cynique. L'heure n'est plus tant à un « traité du
désespoir » (non plus qu'aux oraisons funèbres ou aux
requiems) qu'à de petits traités fort décousus du… vide, de
son appréhension, de son caractère insaisissable comme
de ce qu'il comporte d'ineffable et d'inaudible. La musique
est sans doute première parmi les arts à s'imposer, mais à
condition de reconnaître qu'elle origine du silence et
qu'en *son* « fond », sa « source », elle ne s'entend pas…

« INSTANT UNIQUE » DU *PASSAGE*

Ce n'est rien, madame, excusez-moi, je passais par là, tout simplement... Qu'ai-je à vous dire ? Je ne sais, je passais par là, soudain je vous ai vue, vous n'étiez ni si belle, ni si laide, ni attentive, ni indifférente, là, simplement, comme en attente... d'on ne sait quoi. Cette attente, je l'ai lue dans vos yeux, cette manière que vous aviez d'être offerte au silence, aurait-on dit, à la lumière aussi... À vous regarder, on aurait entendu ronronner un chat...

Serait-ce vous qu'on appelle l'« inspiratrice », vous encore qui s'appelle « la Mort », la « grande faucheuse », dit-on... mais dites-moi, qu'est-ce donc qui fait que je n'arrive pas à vous reconnaître, même en vous regardant, peut-être surtout en vous regardant... ? Pourtant je me suis arrêté..., votre silence, vous disais-je, cette ouverture, la pureté mais en même temps toute la précarité de votre attente... sans objet... est-il besoin de le dire, cette réserve qui reste au seuil de la parole sans y céder, mais non sans laisser échapper quelque souffle, quelque soupir... Le temps passait..., pourtant, me disais-je, ce n'est pas vous que je cherchais, quoique peut-être bien après tout : ce qui ne se laisse ni prendre ni étreindre (bien qu'il rêvât de prendre et d'étreindre), s'esquisse doucement : une ombre, une silhouette peut-être. Si la chair se défile... jusqu'à devenir insaisissable, translucide, la faute n'en est à personne... Comme une inaptitude... par où s'écoule un souffle...

Au sommet décharné de l'arbre, cet oiseau noir que j'entends, qui prend son vol et disparaît : rien de ce qui existe, à plus forte raison, le vivant, ne se laisse saisir, nous livrant sans défense à la plus déchirante nostalgie. Tu vins, tu passas, je crus t'étreindre, te saisir... tu m'échappais, je le savais mais en même temps ne le savais pas, j'écoutais tes paroles, mais peut-être surtout les miennes, je croyais t'atteindre, j'en rêvais même et n'en revenais pas... Certes, ce n'était pas une ombre, mais ce n'était pas toi, ni moi d'ailleurs... Je m'essayais à l'objet, mais surtout à y croire, quelquefois je croyais y être, quel soulagement ! Étais-je alors *réel*, enfin devenu réel au point de pouvoir saisir, étreindre, empoigner un objet, comme quiconque (du moins me l'imaginais-je) ?

Cela reste à démontrer, voyez-vous, mais il vaut mieux ne pas s'attendre à ce que je le démontre ici... malgré le désir que, parfois, j'en aurais : trahir le pouvoir (occulte) de la suggestion, des regards échappés au hasard et parfois échangés..., médire publiquement du silence, chercher même à en finir avec lui, lui river son clou pour enfin (supposément) savoir à quoi s'en tenir. S'y tenir... *rigoureusement*, dira-t-on (c'est là, pensait-il en sourdine, la différence essentielle entre la campagne et la ville : le silence déchiré, imprévisiblement, le fil des pensées à tout moment susceptible d'être brutalement interrompu, avec pour prétexte, « raison », dira-t-on, d'exécuter tel plan,

telle commande, telle tâche qui s'imposerait sans plus
tarder...). «Démontrer», disions-nous : cette manière
acharnée, souvent quasi vengeresse, d'en finir avec ce qui
se cherche, s'essaie, hésite, se reprend, pour enfin en venir
à la «cause», celle qui explique, à laquelle se ramèneraient
toutes ces miettes de réel qu'on appellera «effets», sacrifiant
allègrement tout ce qui ne s'y ramène pas : les souffles,
soupirs, clins d'œil, gestes échappés, les aspirations sans
lendemain, les rêveries éparses, les espoirs tus ou trahis,
les déceptions longuement méditées, tout cela... qui ne
se «ramène» pas, ne se «réduit» pas..., qui échappe et
s'échappe, ruinant toute démonstration : les plus petites
différences, les nuances. Comme lorsque vous tentez de
dire... et que ça balbutie vous ne savez quoi, justement
vous cherchez, il en va de votre vie, après tout, de ce que
vous tentez d'en faire à travers ce que vous en exprimez,
ouverts à ce qui, de l'intérieur de vous, n'ose encore dire
son nom, qui peut-être même n'existe pas ou si peu, mais à
travers quoi, néanmoins, un dire peut s'essayer, faute de
mieux. Si, au moins, on pouvait être sensible à ce qui, de la
sorte, échappe au nom, à la nomination, les débordant
jusqu'à les défaire, comme à l'essentiel, c'est-à-dire à l'inédit, ce qui ne s'est pas encore dit et pour quoi, forcément,
n'existe pas encore de mot, de nom..., plutôt que d'interroger sur la cause et de réclamer la «raison» coûte que coûte,
c'est-à-dire la première banalité cent fois ressassée qui te
viendra à l'esprit, la première «généralité», comme en-
seignent certains «philosophes», acharnés à faire taire, à
tarir le mince filet d'ex-pression qui tend à s'échapper, à
châtier l'imprécision et le flottement des mots, au nom de
la prétendue «rigueur», comme si... chaque philosophe,
chaque poète ne s'affairait pas à traduire en mots toujours

inadéquats ce qui ne peut se saisir – à commencer par le mot d'«idée» qu'il faut approcher dans toute sa pureté, son caractère originaire, sa translucidité, son évanescence qui sont justement toute sa réalité de chose ou d'être... insaisissable, les prétendus «concepts» n'étant que des tentatives presque immédiatement avortées de donner quelque réalité, bien fugace, à l'irréel qui nous habite et nous hante et que nous ne savons même pas reconnaître, lorsque le «réel», la couche de «réel», craque et que se dessine soudain quelque figure, apparaît quelque «ange» qui pointe du côté d'une autre réalité, à laquelle chacun de nous, nécessairement, est ouvert et sensible. Comment en effet vivre autrement? Comment vivre du «réel»? Et s'en satisfaire? Et cette folie des «anges», que signifie-t-elle? Acrobates, funambules, demi-dieux, danseurs et danseuses dont les corps se ramassent, se contorsionnent, se balancent et s'envolent, suggèrent l'insaisissable «poésie». «Irréalité», «fantaisie», dira-t-on, mais le plus souvent pour en finir avec... le subtil passage qui s'est opéré, l'espace d'un instant – «instant unique», dira-t-on, «instant d'éternité» – du «réel» à autre chose, d'une dimension du réel à une autre, une sorte de passage, instantané en effet, impossible à dire – et pourtant, ne suis-je pas en train misérablement de le tenter? N'est-ce pas après tout, n'est-ce rien d'autre que tentent art, philosophie, y compris et peut-être surtout ce qui ne se nomme pas ainsi, ne se donne pas comme tel : cette métamorphose advenue du «réel», de l'«objet», du «corps» en «autre chose», à la limite du dire et du signifiable, mais si essentielle pourtant, véritable oxygène de l'être pensant qui ne saurait vivre à moins...? Et pourtant si dévalorisée, au nom surtout de *l'impératif du réel* qui toujours prévaut et «doit» prévaloir

– tel est le «devoir» de notre époque, son «impératif catégorique». Il faudrait «revenir» au réel, après s'être dûment
«évadé» – un peu comme par «hygiène», dirait-on – sans
pour autant reconnaître que cette «évasion» était non
seulement utile mais nécessaire. Déjà, l'homme dit «préhistorique» peignait les parois de sa grotte, mais pourquoi
donc? La «décorer»? L'«enjoliver»? Ou encore: en traverser les parois vers un «autre monde», faire céder, glisser
la paroi vers un «ailleurs», la métamorphoser, en sorte
que, rentrant dans la grotte, ce ne soit pas qu'en un «abri»
qu'il rentre mais en un «autre monde» qu'il passe où enfin
il «respire», se sent apaisé, comme si c'était là son «vrai
monde»?

Écrivant ainsi, est-on si loin de Platon, de l'invention de la «philosophie»? Cette expérience irréductible
du *passage* d'une dimension d'être (d'une «qualité» d'être)
à une autre, insaisissable, «irréelle», ineffable, mais qui
n'en est pas moins éprouvée et pensée comme la plus
vraie, à la limite, dira Platon, la seule vraie, n'est-elle pas à
la source de son œuvre? Sans doute cette expérience, qui
est celle d'un écart, d'une apparition, d'un apparaître est-elle
forcée, au point d'*instituer*, de substantiver cette autre
réalité, la constituant en monde normatif... Néanmoins, il
s'agit du même passage, de ce même besoin de passage que
déjà manifestait l'homme dit préhistorique, en sa totale
gratuité... Est-il donc besoin d'un «autre monde» pour
vivre? Le «réel» ne suffit-il pas? Vivre ne se suffit-il pas?
Instinct religieux, dira-t-on, ou philosophique, mais
qu'entend-on par là sinon que l'homme en son être serait
voué à un «autre monde», irreprésentable, insaisissable,
ineffable, mais à tel point existant ou «réel», que tout ce qui
s'appelle religion, art, philosophie, voire mathématiques,

n'existent que de tenter de s'en approcher et de le dire, de le *traduire*, toujours imparfaitement et en étant trop souvent affligé de ce vice, cette tare rédhibitoire qui consistent à figer cette traduction en instituant cet «autre monde» comme un autre réel auquel sont prêtées au fond les mêmes caractéristiques qu'au premier, à un «niveau supérieur», masquant ainsi la soustraction, le manque, la faille, le craquement, à travers lesquels, nécessairement, advient cet «autre monde»... jamais une fois pour toutes institué ou constitué. Églises, musées, institutions prennent place, témoignant à l'homme de sa vocation à «autre chose», le distinguant de toute autre espèce. «Réservoirs de sens», dira-t-on, où il n'est pas impossible que se produise encore quelque apparition... Ce n'est encore toutefois que l'«école» de l'irréel, qui renvoie chacun irréductiblement à l'expérience qu'il peut en faire, laquelle peut survenir n'importe où, à n'importe qui, n'importe quand, mais que trop souvent, cependant, il ne saura pas reconnaître, même (et peut-être surtout) lorsque, *cultivé*, il prétend savoir ce qu'*il faut* «voir», «avoir vu» ou bien «entendu», etc., dès lors rendu étranger à ce qu'il voit et entend ou verrait et entendrait si seulement il ouvrait son être à ce qui advient ou peut advenir, au point souvent de détourner qui sait voir et entendre de ce qu'il voit ou entend. Aussi le chemin vers la «culture» est-il miné et piégé, semé qu'il est d'«œuvres» et de «chefs-d'œuvre» qu'*il faut* avoir vus ou entendus avant toute exploration ou découverte de sa propre sensibilité, de sa manière propre de voir ou d'entendre, seule susceptible pourtant d'ouvrir chacun, à sa façon, selon son mode, à une «autre réalité», de lui en fournir un aperçu, le passage par le plus particulier étant *obligé* vers cette «autre réalité» qu'on dira pourtant

« universelle », voire « absolue », témoignant par ces mots vagues et souvent vides de ce que comporte d'inéchangeable pour chaque homme cet ailleurs, de révélateur de sa nature propre, de la nature de son être. La voie d'accès toutefois s'avère si particulière qu'elle se trouve enfouie en chacun, au plus secret de son être sensible. Dès lors, s'il faut enseigner l'art, la philosophie, la littérature, la religion, ce ne devrait être qu'en en détournant, éduquant chacun à ne regarder, lire, entendre, être qu'au passage, à l'improviste, sans insister, l'incitant à développer sa capacité d'attention mais aussi et surtout peut-être, de distraction : il n'est point d'œuvre qui vaille que *tu* n'aies découverte, qui ne *t'*ait émerveillé, transformé. Rien ne vaut a priori... hors de ce qui métamorphose le vivant concret, *individuel*, le fait accéder en sa différence, à un autre avènement de lui-même. Quoi qu'on dise... ou enseigne...

COMME
SANS ATTACHES...

— Et le souffle ? dis-tu.

— Oui, le souffle.

— Je ne saisis pas.

— Justement, c'est l'insaisissable. Ce qui s'échappe. Cela, qui s'échappe.

— Pourtant...

— Pourtant, me diras-tu, n'y a-t-il pas aussi ce que *je* poursuis ?

— C'est cela : ce que *je* poursuis. Mon idéal, mon but...

— Et ta volonté qui les met en œuvre, ou tente de les mettre en œuvre.

— Oui, ma volonté, pourquoi donc devrais-je tendre à en être dessaisi ?

— Le hiatus, vois-tu, l'interruption...

— Le hiatus ? L'interruption ?

— Le souffle coupé : «J'en ai le souffle coupé». Tu connais l'expression ?

— Bien sûr, mais quel est le rapport ?

— Je ne sais pas où est le «rapport», comme tu dis, mais tu connais l'expression ?

— Peut-être... je ne sais trop.

— Tu vois, c'est toujours le plus inavouable et même le plus inconnu...

— ...

— Je regardais en avant, je marchais le regard tendu vers le lointain... je marche toujours le regard tendu vers le lointain.

— Et ce qui se passe à côté, à côté de toi, tout près de toi ?

— Longtemps, je marchais sans le voir, sans même y porter attention.

— Et pourtant...

— Et pourtant, me diras-tu, que d'occasions !

— D'occasions perdues...

— Pourquoi cette passion de ce qu'il y a devant, cette fureur de perspective ?

— Mais encore maintenant, quoi que je dise, quoi que je pense, il me faut cet espace dégagé devant et autour de moi, ce sentiment d'aller quelque part, de l'avant, comme on dit... On n'est jamais loin de la marche triomphale...

— Triomphale et solitaire...

— Tu as raison... solitaire tout aussi bien. Ce sentiment de l'espace s'ouvre devant soi, devant soi seul...

— Et pourtant, ces regards... ces yeux qui guettent...

— Ces regards dont on ne peut s'affranchir.

— ... tellement que...

— ... tellement que l'on peut se demander si ce n'est pas par eux que l'on avance ainsi, seul...

— ... en apparence...

— En apparence, bien sûr, escorté de tous ces regards...

— ... d'autant plus escorté que l'on se croit seul...

— ... d'autant plus poursuivi, dirais-je, comme si l'on ne pouvait triompher qu'à leurs yeux, ne se dégager, étrangement, que pour être mieux vu...

— Paradoxe...

— Paradoxe en effet que cette solitude toujours accompagnée, fût-ce invisiblement, de l'autre dès lors transformé en spectateur.

— On n'échappe pas à l'autre...

— ... et d'abord à l'intérieur de soi, ce qui n'enlève rien au désir de s'en dégager et de marcher seul.

— Tu reviens toujours à l'image, voire au mythe de Descartes...

— ... au mythe, tu as raison, qui me hante, du «cavalier solitaire»...

— ... s'assurant en lui-même...

— ... de son être, de son identité de sujet, de sa liberté...

— ... cette liberté...

— ... cette liberté qui correspond pour moi d'abord à un «sentiment», je veux dire un «sens intérieur», une expérience de l'être...

— ?

— Oui, celle de se dégager justement, d'aller de l'avant, en disposant d'un espace intérieur ouvert auquel on puisse toujours s'en remettre, quoi qu'il arrive.

— Que veux-tu dire?

— Il est vrai... nul ne peut vivre sans prendre appui sur d'autres, et souvent beaucoup plus qu'il ne croit... Parfois même, le manque de l'autre vous torture jusqu'à l'angoisse...

— Pourtant...

— Pourtant, il est de ces moments, et peut-être, je ne saurais l'affirmer, n'ayant pas encore assez vécu, peut-être deviennent-ils avec le temps plus fréquents et de plus longue durée, où s'éprouve un étrange dégagement, comme un sentiment d'équilibre, je ne saurais mieux dire...

— ... cet état, sans doute, dont parle Spinoza et qu'il iden-
tifie à la joie, où toutes les parties du corps, écrit-il, se
trouvent également affectées...

— ... l'esprit n'étant accaparé à l'excès par aucune d'entre
elles...

— ... peut dès lors jouir de lui-même en toute liberté.

— Je ne sais pas ce que veut dire exactement que l'esprit
jouisse de lui-même. Je dirais seulement qu'alors l'être
intérieur se détend, ou encore, les diverses «parties»
de son corps se trouvant également affectées, une
détente se fait sentir...

— ... loin de toute fixation, de toute obsession, cet état si
pénible où l'on se trouve en quelque sorte soumis à la
tyrannie d'une affection du corps...

— C'est à cette détente qui correspond à un certain état
du corps que je rapporterais le sentiment de liberté...

— ... dont nous parlions à propos de Descartes...

— ... et qui favorise sans aucun doute la clarté et la
distinction des idées, lesquelles viennent à soi comme
la rosée du matin, goutte à goutte...

— ... Et d'abord, je suppose, cette idée...

— ... d'abord, cette idée d'un «je» disposant librement
d'un espace de pensée du sein duquel il revient à lui-
même, se ressaisit...

— ... *comme* par-delà les affections du corps...

— ... par-delà en tout cas ses affections trop violentes,
ces fameuses «passions» dont ont tant parlé les philosophes...

— ... et la dépendance de l'esprit qu'elles suscitent, cette
espèce de compulsion à ne penser qu'à cela...

— ... Voilà la véritable servitude : ne penser qu'à cela, dès
lors incapable de *rêver*, de penser... *comme* sans attaches...

— … «*comme* sans attaches»…, n'est-ce pas la formule même de ce que tu appelles «liberté»?

— Oui, je pense, à condition de ne pas oublier le «comme»… on ne peut vivre sans attaches, je le sais, mais «comme sans attaches», c'est certes un état dont on peut faire l'expérience et qui tient à ce que rien, aucune chose, aucune affection ne nous tient à l'excès sous son joug…

— … au point de nous déchirer…

— C'est alors que l'on peut se sentir *comme* libéré du corps…

— … alors qu'il s'agit d'un certain état du corps…

— … puisque l'on n'y échappe jamais : un état du corps tel que le corps se laisse oublier…

— Au fond, c'est là la santé par rapport à la maladie…

— … en effet, nous parlons d'une certaine santé, non seulement du corps physiologique, extérieur si l'on veut, mais de l'être sensible, du corps «intérieur», celui que l'on éprouve.

— C'est alors que l'esprit ou, si l'on veut, le «je», parvient à se saisir.

— En réalité, ce qu'il faut comprendre et qu'à lire Descartes attentivement l'on peut découvrir, c'est que la «saisie de soi», le «je» originaire ou «pur», non encore obscurci par la psychologie, advient du sein d'un espace, qui est un espace d'errance et de dégagement…

— C'est le sens des «voyages» de Descartes…

— … du sein desquels on ne découvre pas tant l'univers (quoiqu'on le découvre aussi) que le «milieu» propre à soi…

— … loin de tous les milieux déjà existants…

— … de ces milieux déjà formés que nous lèguent la tradition, la «nature», les conditions déjà données dans lesquelles nous naissons et nous développons d'abord...

— ... D'où l'importance du départ, thème (et activité...) récurrent(e) chez Descartes, la nécessité de se dégager de ces milieux déjà donnés, de manière à découvrir son milieu propre, nulle part déjà donné...

— ... et qui correspond ?

— ... Aux conditions que l'individu au fil de ses expériences et de ses « rencontres » (comme dit Descartes) *découvre* comme les plus propices, disons, à l'oubli de soi...

— L'oubli ?

— Oui, l'oubli du soi déjà constitué, celui qui attache et auquel on revient comme à une pensée obsédante. L'oubli de soi en ce sens est la condition de la découverte de soi.

— ?

— Oui. Lorsqu'on cesse de toujours revenir à soi (« Qu'est-ce que "je" veux ? Qu'est-ce que "je" devrais faire ? »), que l'on s'oublie...

— ... s'ouvre un espace...

— ... un espace dégagé, vide, vacant, ouvert...

— ... L'espace ?

— L'espace du possible, qui est aussi celui du rêve et de ce qu'on appelle la pensée, qui est d'abord un libre exercice, ou, si l'on veut, l'exercice de sa liberté...

— ... De sorte que ?

— De sorte que l'on puisse dire « je », mais d'une façon tout à fait originaire, ne renvoyant à rien, sinon...

— Sinon ?

— Au sentiment d'être là, soi, « moi », jouissant d'un espace de pensée pure, indéterminée, d'où se dégagent de loin en loin comme des colonnes de fumée dans la plaine, des pensées plus pures, plus «nettes», plus insistantes aussi.

— Ne sont-ce pas les «idées»?

— Ce sont les idées, elles guident, elles jalonnent la marche...

— Mais où cette marche nous conduit-elle?

— C'est la question de l'angoissé...

— De l'angoissé?

— C'est-à-dire chacun d'entre nous.

— En d'autres mots, cet état dont tu me parles...

— ... ne dure pas. Il ne dure pas, mais je pense qu'on peut s'exercer à le rendre plus durable.

— Mais pourquoi ne dure-t-il pas?

— Le hiatus, le souffle coupé...

— ?

— La chute... tu saisis...

— ?

— Quand soudain ça s'ouvre, l'abîme... comme un fond sans fond dans lequel on tombe...

— ... L'angoisse...

— Voilà, l'angoisse, la panique, la peur panique de cette chute...

— ... D'où le recours à la volonté...

— ... à la volonté, son exigence de buts nets et fermes, l'obstination à les atteindre... quoi qu'il en coûte...

— ... y compris la liberté...

— ... d'abord, la liberté...

— ... plutôt que le vide, n'importe quel «but», n'importe quel «objet», dirais-je, fait l'affaire...

— Et si le monde n'était plus qu'objet...

— ... on serait enfin libéré de la peur du vide, et surtout de la chute.   —

— Tu vois, par ailleurs, c'est cela que je ne trouve pas chez Descartes : l'angoisse...

— Est-ce à dire qu'il en fut exempt ?

— C'est impossible, évidemment. Mais tout cela est tombé dans le silence absolu de ces longues années durant lesquelles il est disparu sans guère laisser de traces.

— On connaît ses « remontées », non ses « descentes ».

— En effet, comme s'il n'avait retenu que celles-là...

— ... lorsque le monde s'offre à vous comme un vaste « territoire » de jeu et d'expérimentation...

— ... et les choses comme des « objets » que l'on peut manipuler à volonté.

— Objectivisme ?

— Je vais te dire. Je pense qu'il n'y a nul objectivisme chez Descartes, mais plutôt ce sentiment dont nous venons de parler, qui ressemble beaucoup à cet état qu'éprouve l'enfant (dans ce cas, avant tout « déracinement » et tout exercice de pensée) de libre disposition de ses jouets...

— Un peu comme Léonard au fond...

— En effet, voilà le véritable ancêtre de Descartes. Tu vois, l'« objectivisme » vient après, chez ceux qui ne savent plus ce qu'est la joie...

— ?

— Oui, la joie de disposer de soi et des choses comme un enfant, cette joie que l'on ne peut paradoxalement éprouver qu'au sortir de la chute, quand on émerge de l'abîme...

— Descartes et Léonard...

— ... n'avaient de mots au fond que pour ce qu'ils découvraient, le reste était rendu au silence...

— ... sauf certaines échappées...

— ... comme les rêves de Descartes, par exemple celui où, poussé par un vent violent, il est tout courbé et se retrouve dans une église...

— Mais je pense aussi qu'ils étaient doués pour la joie, la découverte...

— Que sait-on de leur tristesse ?

— On ne peut que la soupçonner, la deviner, peut-être plus encore chez Léonard...

— Mais eux savaient, je crois, au prix de quelle conquête ou de quelle grâce le monde s'offrait à eux comme... un terrain de jeux...

— Ce que nous aurions oublié...

— ... en nous prenant terriblement au sérieux : du « comme maître et possesseur de la nature » de Descartes, nous avons laissé tomber le « comme »...

— ... qui fait toute la différence...

— ... qui laisse un « jeu », fait apparaître tout cela comme un « jeu »...

— Mais il faut admettre l'interruption...

— ... le hiatus, la chute, mais aussi, faut-il le dire, la remontée...

— ... et que ça remonterait aujourd'hui ?

— Comment l'affirmer ? Mais j'en fais le pari.

— Il faut trouver les mots pour dire le vide, la chute, l'angoisse...

— Les mots sont des signes, des traces... je pense qu'il faut en laisser de ses expériences, et par eux, peu à peu apprivoiser le vide, que la chute devienne moins brutale et catastrophique...

— ... sans cependant prétendre en finir avec...

— Ce serait l'erreur... on n'en finira jamais avec la mort.

— N'y a-t-il pas un au-delà ?

— Je crois qu'il y a un au-delà, qu'on l'approche dans la joie...

— Mais s'il n'y a pas la chute, l'abîme, la «mort», il n'y a pas d'au-delà pensable.

— ...

ET TOI,
QUI ES-TU DONC ?

— Tu disais : « le souffle » ? Mais pourquoi ne me parles-tu pas de ce que tu connais ?

— De ce que je connais ?

— Oui, ce que tu as appris et pourrais nous transmettre.

— ...

— Silence ?

— Comment te dire ? Je préfère écouter.

— Écouter, dis-tu ?

— D'abord, le silence.

— ?

— Pour autant que je le trouve... Il n'est jamais total, bien sûr. C'est un puits... qui s'ouvre de temps en temps. Comme un visage...

— Un visage ?

— Les yeux surtout... sur quoi les yeux donnent-ils donc ? À quoi s'ouvrent-ils ?

— Tu parles du regard intérieur ?

— En est-il d'autre ?

— ?

— Le regard de celui qui écoute... qui n'a plus la chose là, devant lui, mais laisse plutôt sa présence (ou son absence) passer en lui.

— Qu'est-ce qu'une absence qui passe en soi ?

— Un ange, une ombre, un nuage, un lambeau de chose.

— Mais, dis-moi, pourquoi se refuser ainsi à tout objet ?
Quelle est donc cette hantise ?

— Hantise ?

— Oui, hantise, puisqu'après tout il faut bien vivre... et
comment vivre sans posséder, sans étreindre quelque
chose, quelqu'un ?

— Certes, l'on ne peut vivre sans posséder, ne serait-ce
que cette image de soi, ou encore cette image de l'autre
que l'on cherche.

— Toi aussi ?

— Moi aussi, bien sûr, jusqu'au déchirement...

— ?

— Oui, au déchirement, à la douleur de l'objet qui
échappe, jamais présent, dirait-on, image furtive...

— Image tout de même ?

— Image, oui, dont les contours parfois se raffermissent,
se précisent, mais jamais très longtemps...

— Manque d'intérêt ?

— Manque de croyance surtout... je ne puis croire qu'à ce
qui, à l'improviste, fait irruption, déjouant mes prévi-
sions, mes attentes, mes images, ce que « je » visais ou
croyais viser.

— Peut-on vivre sans viser ainsi ?

— Impossible, j'en conviens, mais ne vise-t-on pas toujours à côté ?

— Peut-être, mais cela est-il sans rapport avec ce que
poursuit le désir ?

— On ne peut affirmer que cela soit sans rapport, c'est
impossible. Mais que dire du rapport entre ce qui est

« vu », « envisagé », presque « dévisagé », et ce qui se trame par-devers soi ?

— La trame ?

— La trame de son existence qui se tisse en silence. Quel mystère ! Et quelle n'est pas ma curiosité pour ce qui se passe là et qu'on ne peut que deviner !

— ?

— Bien sûr, je ne déprécie pas le charme de ce qui est vu, peut-être surtout entrevu, le bonheur d'y être et même d'en être... J'aurais pu hier rester là, profiter de sa présence... Pourquoi suis-je ainsi parti seul ?

— Pour venir à ma rencontre peut-être ?

— Cette maison là-bas...

— ?

— Là-bas... que je viens d'entrevoir au loin...

— Où tu n'habiteras pas...

— ... où je n'habiterai jamais, mais vers laquelle je vais, à laquelle j'aspire...

— ... comme un havre

— Ainsi dit-on : un havre, un rêve... et toi ?

— Moi ?

— Oui, toi, qui donc es-tu, invisible ?

— Pourquoi « invisible » ?

— Je ne te vois... ni ne te connais.

— Pourtant...

— Pourtant, je te parle, je t'adresse la parole, comme dit, à toi, l'absent.

— Et si j'étais quelqu'un ?

— Quel bonheur ! Que je ne saurais supporter... sans doute te fuirais-je...

— Tu ne m'aimes donc pas ?

— Mais qu'est-ce qu'aimer ? J'aime ce qui m'échappe, ce que j'entrevois au loin, ce qui se fait et se défait...

— Les nuages ?

— Oui, les nuages... et j'en souffre. Je souffre de ces amours impossibles, de ces images évanescentes ou fuyantes, de ces rencontres qui n'adviennent pas...

— Sauf moi...

— Qui donc es-tu ?

— Tu ne sais pas ?

— Je devine...

— Que devines-tu ?

— L'absent... celui qui passe...

— ... et qui revient.

— Qui passe et repasse, insaisissable, présent quoiqu'absent...

— Tu me parles en effet...

— Je te parle... je ne suis donc pas seul. Cependant, tu n'es pas là...

— Regret ?

— Tristesse parfois, souvent même... et joie... de pouvoir à nouveau te parler comme si...

— ... j'étais vraiment là.

— Voilà. Mais on ne peut longtemps penser à la même chose...

— Plusieurs pourtant s'y évertuent.

— S'y efforcent, dirais-je, mais quelle lourdeur ! Et c'est alors, paraît-il, qu'on serait le plus justifié de dire *quelque chose* !

— D'affirmer, certes, de poser, puis de démontrer...

— Est-ce faiblesse d'esprit, paresse ? Toute « thèse » me paraît superficielle...

— Et fausse ?

— Fausse aussi en ce qu'elle étire exagérément l'instant...

— L'instant ?

— Oui, l'instant du saisissement ou peut-être seulement de la vision, voire de l'apparition...

— Cette espèce de « miracle » ?

— Oui, de « miracle » qu'on ne peut saisir, mais qui parfois nous saisit, ou du moins, nous appelle...

— Nous appelle ?

— Nous appelle ailleurs, au-delà, dis cela comme tu veux. Ces mots sont vagues, je sais, mais comment dire autrement ?

— N'est-ce pas cela que tu cherches à saisir ?

— Rien d'autre, certes, et j'y vouerais ma vie.

— Pourquoi donc ?

— Va savoir... une chimère sans doute, ou alors un soupçon...

— Soupçon de...

— Soupçon d'une « autre réalité », dont seuls des éclairs nous parviennent, des « visions »...

— ?

— Toi qui questionnes... mon ami...

— ... invisible...

— Hélas !

— Des éclairs si saisissants, comme une trouée soudain sur autre chose...

— Nous, humains...

— Si faibles, si imparfaits, si manquants...

— ... faits cependant de « l'étoffe des rêves »...

— Si imparfaits, mais si fous aussi... que nous pouvons entrevoir, deviner ce qui, à la fois, se cache et se révèle...

— ... et qu'on entend parler...

— Ah ! ils sont disparus...

— Quoi donc ?

— Les nuages... ces formes que je voyais tout à l'heure, suspendues dans le ciel...

— Dissipées ?

— ... laissant place au ciel bleu, tout juste encore de petits rejetons...

— C'est lorsqu'on écoute...

— ... qu'on ré-apprend à voir...

— ... autre chose cependant...

— ... autre chose, autrement, « autre chose » qui n'est plus une chose là-devant.

— ... « objet », veux-tu dire ?

— « Objet », comme tu dis.

— Lorsqu'on s'absente...

— Voilà... ou qu'on se laisse « absenter », dirais-je.

— ... tirer de l'autre côté...

— Qu'est-ce donc que cet « autre côté », objet de toutes nos ardeurs... rêve fou d'idéal...

— ... D'idéalité... C'est bien le rêve de Platon, cet « autre monde » plus « vrai » que celui-ci...

— Plus vrai... mais jamais atteint...

— Dès lors, comment dire qu'il est « plus vrai » ?

— On ne sait ce que l'on dit lorsqu'on use d'un tel mot... si ce n'est peut-être qu'on formule un « espoir »...

— Ou une croyance...

— Une croyance en l'absolue réalité de ce qui, pourtant, ne nous saisit qu'au passage, l'espace d'un instant.

— Un simple effleurement...

— ... et un monde s'entrouvre.

— Mais Platon...

— ... Platon, certes, a manqué de subtilité... il faut le lire entre les lignes en rêvant...

— Comme il faisait sans doute...

— ... mais en y croyant trop, en voulant à tout prix saisir l'insaisissable, le fixer, s'y river...

— Comme Socrate...

— ... Socrate, spécialiste en «méthodes» ou «arguments» pour mieux faire taire son interlocuteur...

— Le faire «accoucher», dit-on pourtant.

— ... accoucher d'un silence... sans suite... qui ne donne plus sur rien...

— La parole coupée...

— ... l'interlocuteur engourdi, comme dit Nietzsche...

— ... à force de questions...

— ... et d'arguments réfutés...

— ... pour mieux laisser pantois...

— ... et coi...

— Fixer l'insaisissable...

— Démontrer ce qui, pourtant, n'est qu'entrevu.

— «Raisonner»...

— ... là où il vaudrait mieux passer à autre chose, se détourner.

— Cette manière d'en remettre...

— ... jusqu'à épuiser la patience, anéantir la quête...

— ... détourner de l'écoute...

— ... pour mieux voir, semble-t-il.

— Mais voir quoi?

— Il n'y a rien à voir... hors de ce qui est entendu.

— Rien, en effet, un mirage...

— L'autre monde, un mirage?

— Un mirage, si on s'y attarde, si on s'y attache...

— ... qu'on le contemple...

— ... comme tu dis, ce qui est une forme de fascination...

— Dès lors, il ne s'agira plus que de détourner de toute
écoute au profit de cette vision « plus pure », dira-t-on...

— ... toute écoute étant réputée « primitive »...

— ... l'affaire des devins, de la « pythie », voire des
« poètes »...

— ... ces sorciers...

— Tirésias l'aveugle, rappelle-toi...

— Qu'entendait-il donc ?

— Il n'était qu'écoute... toute écoute.

— Voilà pourquoi il lisait dans l'avenir...

— ... ce qui n'est pas là... devant, pas plus là derrière...

— ... avenir, souvenir...

— ... temps perdu, retrouvé. Ah ! que tout cela m'échappe,
devant, derrière !

— La trame, alors...

— ... celle des songes dont nous sommes faits.

— La conscience ?

— Tu veux rire ? À peine quelque chose...

— ... mais qui affleure...

— ... souvent au détriment des songes...

— Voilà l'erreur...

— ... la pose, dirais-je. Ce qui affleure se pose, « prend une
pose »...

— ... et voit le monde à ses pieds...

— ... ce que Satan offrait à Jésus...

— ... qui préférait écouter la voix de son Père, jusqu'à la
mort y compris...

— Dis-moi, quelle heure est-il ?

— Ta question me trouble...

— ?

— L'accent que tu y mets...

— !

— Oui, le tremblement dans ta voix...

— ...

— Qui es-tu donc ?

— Et toi ?

— Ne sais...

— Viens avec moi...

— Où ça ?

— Ne sais...

— ?

— Tu hésites ?

— J'écoute...

— Et moi, je te questionne...

— Tu n'attends pas de réponse ?

— Non, ton sourire peut-être...

— Hélas !

— ...

— Il vint...

— ... et ne fut pas reconnu.

— Il vint parmi nous...

— ... et ne fut pas reconnu...

— ... si grande était sa gloire...

— ...

« JE NE ME CONFONDS PLUS AVEC CE QUI M'ARRIVE. »

— « Je ne me confonds plus avec ce qui m'arrive », dis-tu.

— Vraiment ? L'ai-je dit ?

— Du moins tu l'as écrit.

— Est-ce que je sais ce que j'écris ?

— « Non » serait la première réponse, si j'ai bien entendu.

— Un peu facile, cependant.

— ?

— En réalité, je sais et ne sais pas.

— ?

— Je sais que ce n'est pas moi, néanmoins, c'est bien *moi* qui le sais.

— Alors ?

— Alors, il y a moi et moi.

— Et l'autre ?

— L'autre aussi.

— Ne joues-tu pas sur les mots ?

— Sur les mots, non, avec les mots, oui. Et pourquoi pas ? N'est-ce pas cela la liberté ?

— Ne sais. Alors, l'autre ?

— L'autre se cache, il m'échappe. Dans ce cas, c'est lui qui se joue de moi.

— Vous êtes donc trois ?

— Quatre avec toi.

— Avec moi ?

— Oui, avec toi. N'es-tu pas un autre ?

— Je ne sais pas.

— Comment « tu ne sais pas » ?

— Parfois je le crois, parfois non.

— Mon double alors ?

— ? Un double est un autre, non ?

— Oui et non.

— Nous sommes maintenant cinq, t'en rends-tu compte ?

— Je cherche à y voir clair.

— ?

— Oui, une douleur. Il y a une douleur.

— Une douleur ?

— Toujours la même.

— ?

— ... comment dire ? Celle de ne pas toucher.

— Que veux-tu dire ?

— Si je le savais... Ne pas adhérer, vois-tu.

— Croire ?

— Non, pas « croire ». Adhérer.

— Et tu écris...

— J'écris à peine, juste ce qu'il faut.

— Ce qu'il faut ?

— Ce qu'il faut pour jeter quelques ponts, ou tenter d'en jeter.

— Des ponts ?

— Au-dessus du vide, pour relier.

— Relier quoi ?

— Relier des îles, des îlots, parfois même de simples rochers.

— Tu y arrives ?

— Je ne sais si j'y arrive, du moins, je le tente.

— Mais pourquoi faut-il qu'il y ait des îles ?

— Ta question est étrange : « faut-il ? »

— Sans doute ai-je compris que, selon toi, il fallait qu'il y en ait.

— Comment y échapper ?

— ?

— L'être est morcelé.

— N'est-il pas d'un seul tenant ?

— Comment répondre ? Qui sait ?

— Que te dit ton expérience ?

— Mon expérience, dis-tu, intérieure probablement.

— Si tu veux...

— Elle me dit que je suis seul.

— Abandonné ?

— Seul, comme abandonné.

— Pourquoi « comme » ?

— L'être est morcelé, les êtres sont séparés, chacun est comme abandonné.

— L'être n'est-il pas pourtant d'un seul tenant ?

— Les êtres sont chacun pour soi. Regarde ce cheval seul dans la plaine. Que pense-t-il ?

— Tiens, as-tu vu ? Un autre vient de se joindre à lui.

— C'est tellement peu de chose, tellement ténu, tellement fragile.

— Quoi donc ?

— Les rapprochements.

— Le mot lui-même...

— ... a quelque chose d'aléatoire et de risqué.

— Comment, dès lors, parler...

— ... de « société » ?

— Si l'être est d'un seul tenant, comme tu le suggères, il n'en est pas moins morcelé, fragmenté.

— Divisé ?

— Qu'en dis-tu ?

— Je ne sais... peut-être...

— Peut-être... peut-être pas..., risquons donc... en dépit de tout, de toutes les apparences. Je ne crois pas qu'il le soit.

— Oh ! Que te voilà péremptoire !

— Oui, parfois, je me risque à affirmer, en toute ignorance de cause...

— ?

— « Je sais que je ne sais pas », disait Socrate. Justement, sans doute, parce que je ne sais pas, je ne sais rien avec certitude, faut-il que je me risque.

— À quelque affirmation...

— Comme tu dis.. Il y a en moi, je ne sais d'où ni quoi, quelque chose, tout de même, qui me pousse à affirmer, malgré tout.

— Malgré tout ?

— Malgré toutes les apparences de morcellement, de division, de conflits.

— Naïveté ?

— Naïveté peut-être. Virginité sans doute. Joie du commencement.

— Comme tu t'emballes !

— C'est vrai, je m'emballe à peu.

— Mais qui donc es-tu ?

— Quelle question !

— ...

— Et toi alors, qui donc es-tu ?

— Ne sais... ton interlocuteur peut-être.

— ?

— Ton autre...

— ... qui serait peut-être mon double...

— ... jamais vraiment là...

— ... mais à qui je parle comme si...

— Ô présence !

— Ô absence !

— Où allons-nous ainsi ?

— Prends ma main...

— Ne sais, ne peux.

— Allez !

— Je ne vois plus les chevaux.

— Et alors ?

— Les êtres apparaissent, disparaissent, se rapprochent, se détachent.

— L'être est-il donc d'un seul tenant ?

— Tu m'énerves à la fin avec ta question...

— Et surtout la réponse ?

— La réponse est en toi... cherche-la.

— Ne sais...

— Mais tu parles ?

— Dirait-on.

— Alors ?

— Alors quoi ?

— Alors, que fais-tu quand tu parles ?

— Je lance des mots...

— Tu les lances et les essaies en les lançant.

— Que veux-tu dire ?

— Tu les lances et les essaies comme des ponts. Touchent-ils l'autre rive ?

— Des ponts-levis peut-être...

— Des ponts-levis qui resteraient en l'air, levés au-dessus du vide...

— ...

— Restent-ils levés ? Touchent-ils parfois l'autre rive ?

— Ne sais, mais ces mots, je crois, sont quand même reçus.

— Sans doute, mais jusqu'où poursuivent-ils leur chemin ?

— ?

— Néanmoins, ça continue, nous continuons de parler.

— En quelque sorte...

— Comme tu dis...

— Dis-moi, finalement, qui donc es-tu ?

— Mais que veux-tu donc savoir ?

— Rien d'autre.

— Je suis celui qui te parle...

— Et puis ?

— Et puis quoi ? Celui qui te parle sans trop savoir pourquoi ni même vraiment à qui il parle. Et toi ? Qui donc es-tu ?

— À plus forte raison ne sais-je ce que je suis, moi qui te questionne ?

— Si ce n'est...

— Si ce n'est que ce n'est pas vraiment moi qui questionne, ni même l'autre en moi...

— Ni même l'autre ?

— Ce serait trop simple, vois-tu. Quel autre ?

— ?

— Non, ce n'est pas l'autre inconscient, tu sais, l'inspirateur, l'insuffleur.

— Ah non ?

— Non, celui-là, tu vois, ne dialogue pas.

— Et pourtant, il parle...

— Oui, il profère.

— Ne profère-t-il pas à travers toi ?

— Parfois, mais j'apprends à m'en méfier...

— C'est nouveau...

— Peut-être, je ne sais...

— Le souffle ?

— Voilà, le souffle, c'est lui.

— Coupé, le souffle ?

— Interrompu, en tout cas...

— Étrange !

— Peut-être.

— Mais est-ce toi qui l'interromps ?

— Je suis obligé de te répondre : oui, c'est *moi* qui l'interromps.

— Pourquoi t'est-ce si difficile à dire ?

— Tu sais bien...

— Le « moi » ?

— Voilà, le « moi », si exécrable...

— Celui qui s'affiche, se pose...

— Comme tu dis...

— Y en a-t-il un autre ?

— Je ne sais pourquoi, cela m'est difficile à dire... mais je
crois qu'il y en a un autre.

— ?

— Un autre « moi » qui tient tout en suspens...

— En suspens ?

— Oui, en suspens, y compris le petit « moi ».

— Et *l'autre* ? Celui qui profère...

— *L'autre*, il le tient en respect.

— Le fait-il taire ?

— Comment le pourrait-il ? Ce serait d'une prétention...

— Alors ?

— Il le tient en respect. Cela veut dire : à distance, mais
avec considération.

— Entre les deux, tu...

— Entre les deux, « moi », je balance et me joue.

— Sans y croire ?

— C'est au *jeu* que je crois..., cette oscillation...

— Alors, tu tiens *l'autre* en respect ?

— Pas « moi », *je*...

— Et pourquoi ? N'est-ce pas le lieu de la « vérité » ?

— Oh ! le gros mot...

— Et alors ?

— Écoute, si l'autre est bien le « lieu » ou « lieu de passage » de la « vérité », comme tu dis, alors, voilà une bonne raison (et suffisante) de le tenir en respect...

— Tu crains la vérité ?

— Je crains la « parole de vérité » qui se livre sans retenue, à prendre ou à laisser.

— Revendiquerais-tu ton « autonomie » ?

— Je ne revendique rien du tout, tu sais bien.

— Ta « liberté » alors ?

— Je ne la revendique pas, je tente de l'exercer.

— Tu t'en es aussi longtemps méfié...

— Il est vrai... je croyais plutôt à la nécessité. Celle de la parole justement, celle de *l'autre*.

— Et maintenant ?

— Maintenant, je dialogue.

— Quand même !

— J'y crois toujours, bien sûr, comment ne pas croire au souffle, à ce qui fait être, croire et penser ?

— Néanmoins...

— Néanmoins, je m'essaie au dialogue...

— Et... ?

— Et je le tiens à distance... Je m'essaie au dialogue avec toi, avec lui, c'est-à-dire au fond toujours avec moi-même.

— Le souffle coupé ?

— Interrompu, du moins, puis repris.

— C'est là la différence ? La nouveauté ?

— Peut-être... le souffle interrompu, puis repris.

— Tu ne crains pas de le perdre ?

— Toujours un peu... moins qu'avant...

— Même interrompu, il te revient ?

— Pas toujours, mais parfois, assez souvent même...

— Mais parfois tu le perds ?

— Oui, parfois, je me laisse entraîner par l'autre...

— Tu parles de moi ?

— Non, pas vraiment, toi, c'est autre chose...

— Ah ! bon !

— Toi, ce n'est pas tout à fait l'autre, ni tout à fait moi...

— Mais est-ce que j'existe, moi ?

— Bonne question... Comment savoir ?

— Et l'autre ? Les autres ?

— Les autres n'existent que trop, voilà le problème. Alors, quand je les écoute parler, se plaindre surtout (tu as remarqué, quand ils parlent, c'est souvent pour se plaindre...), j'en perds le souffle...

— La parole...

— Voilà... Je perds le fil... c'est comme une pesanteur, un obscurcissement.

— Néanmoins...

— Néanmoins, je m'exerce à une certaine liberté...

— C'est-à-dire ?

— À une certaine distance...

— Ce n'est pas nouveau...

— Une distance par rapport à moi-même d'abord...

— Par rapport à toi ? À ton « moi » ?

— Je m'exerce à le tenir en suspens, lui, avec toutes ses images...

— ... que tu empruntes quand même...

— ... que j'emprunte nécessairement, mais sans trop y croire.

— Sans adhérer?

— Voilà... mais en étant présent à chacune...

— Alors, c'est difficile?

— Assez..., mais parfois ça y est, «je» suis comme au delà, comme «surmonté»...

— Observateur?

— *Comme* observateur de moi-même, de mes images, de mes sentiments, de mes états, de mes rapports aux choses, aux autres...

— Et alors?

— Alors, tout est différent, tu vois tout de loin, de haut, comme en avion...

— Tu es comme ailleurs?

— Oui, mais, étrangement, très présent, plus que jamais présent...

— ?

— Plus présent à chaque chose, chaque être, chaque situation, comme si «je» n'avais plus rien à perdre et pouvais enfin me livrer simplement à la curiosité d'exister...

— Tu n'es comme plus embarrassé de toi, de ton image, de tes images?

— Plus soucieux de préserver une image...

— Parce que...

— ... parce que je me sais ailleurs...

— Mais ce *je*, qu'est-ce donc?

— Ce *je*, cet autre «je», c'est moi sans aucun doute et pas moi, une «conscience», la «conscience de moi», un

espace aussi, l'espace de la pensée en moi qui est
« moi » en un autre sens.
— Un observateur détaché ?
— Détaché certes, mais aussi très présent à chaque chose,
chaque être, pour eux-mêmes, plutôt que pour moi...
— Désintéressé ?
— Désintéressé et plus intéressé que jamais.
— Et ça souffre ?
— Ça souffre toujours en sourdine...
— En sourdine ?
— Je suis toujours nostalgique...
— ?
— Je ne sais toujours pas si tu existes...
— Moi non plus.
— Cela me rend un peu triste...
— Et alors qu'en est-il de moi ?
— Toi ? Qui es-tu ?
— ?
— ...
— L'être est-il d'un seul tenant ?
— Qu'en dis-tu ?
— ?
— On parie ?
— Pourquoi pas ?
— Alors ?
— Je parie qu'il l'est.
— Je parie avec toi.
— Et puis ?
— Et puis quoi ?
— Alors, est-ce que j'existe ?
— On parie ?
— D'accord, on parie.

— Vas-y!

— Eh! bien! je parie que tu existes!

— Un peu facile!

— Non, je ne crois pas, le contraire serait plus facile...

— Alors?

— Alors, je parie que tu existes...

— Et moi, est-ce que j'ai à parier?

— Parie toujours!

— Et si je n'existe pas?

— Parie quand même! Comme si tu existais...

— Alors, je parie, comme si j'existais, que je...

— Tu n'y arrives pas?

— ...

— Ne force rien... ton être est en suspens..

— ...

— ?

— D'un seul tenant?

III

CODA

ET LA PHILOSOPHIE ?

Le point de départ est toujours in-
certain, et risqué. Le «sujet», en lui-même, est incertain.
Rien, cependant, ne lui est plus difficile à admettre. D'autant
plus se sent-il incertain, mal assuré, insatisfait de lui-
même, d'autant plus doit-on s'attendre à d'innombrables
manœuvres défensives, voire offensives. La porte s'ouvre
alors à toutes les modalités de fausse représentation. Il
s'avère impérieux de se faire passer pour ce que l'on n'est
pas, d'en remettre quant à l'image de soi que l'on cherche
à accréditer auprès des autres... comme de soi-même.

L'incertitude du sujet est, sans aucun doute, la condition d'existence de ce dernier la plus répandue dans une
civilisation qui fait l'épreuve de l'effondrement des valeurs
morales collectives, transmises depuis des générations.
Cependant, on doit tout de même dire qu'il n'est aucun
sujet qui advienne, aucune conscience de soi comme sujet
de ses pensées, de ses actes, de sa vie, qui surgisse autrement
que du sein d'un état d'extrême incertitude. Cet état n'est
en réalité jamais «dépassé» au profit d'une assurance,
d'une certitude de soi et du monde indéfectibles. De ce
point de vue, la «certitude» du sujet cartésien a quelque

chose de forcé, de «poussé à la limite», en vertu d'une «décision» qui reste arbitraire de la «volonté». Certes, il est tout à fait plausible que «l'idée claire et distincte» s'impose avec nécessité, qu'une «lumière» se fasse dans l'esprit, qu'advienne une compréhension et que se dissipe une certaine confusion, mais ne reste-t-il pas certains nuages? Est-on si sûr d'avoir «compris»? Est-on si sûr surtout du rapport de ce que l'on a compris à quelque «vérité» hors de soi? «Dieu» ne le garantit-il pas, me rétorquera-t-on? Si «démontrée» fût-elle, si «vraisemblable» paraisse-t-elle, l'existence de Dieu, comme l'a compris Pascal, ne fait-elle pas toujours au fond l'objet d'un «pari»? La «raison», si convaincante fût-elle, n'est jamais si contraignante qu'on aimerait bien le croire... et le faire croire aux autres. Un «doute» subsiste, une hésitation et tout un champ d'interrogations qui ne fera que s'élargir avec le temps.

Incertain de soi, le sujet n'en est pas moins capable d'affirmation. Or, chaque affirmation est toujours risquée. Cependant, le risque peut être couru à partir du moment où la «lumière intellectuelle» (voilà ce que nous retenons de l'«idée claire et distincte») est assez vive pour s'imposer au sujet pensant, tourné vers l'intérieur de sa pensée, comme dit Descartes, c'est-à-dire réfléchissant. Il est incontestable que cette lumière peut surgir et s'imposer au sujet réfléchissant, chacun en fait l'expérience lorsqu'il comprend ou *saisit*, comme on dit. Si vive soit-elle, néanmoins, cette lumière se dégage toujours sinon des ténèbres, du moins d'une nébuleuse de pensées du sein de laquelle «tous les chats sont gris». Cette lumière toutefois ne suffit pas à déterminer le sujet à risquer quelque affirmation. Il y faut autre chose qui tienne plus à ce que Pascal appelait le «cœur», c'est-à-dire l'être sensible en son intériorité : une «disposition», un «état d'être». Certains diraient une «impulsion», mais n'est-ce pas trop violent, n'est-ce pas trop «physique» aussi, alors qu'il s'agirait de l'expérience d'une «ouverture» de soi, plus proche d'une «blessure», c'est-à-dire de l'aveu d'une vulnérabilité. N'y a-t-il pas dans l'«impulsion» nietzschéenne quelque chose d'aussi «forcé» que dans la certitude cartésienne : une affirmation catégorique, quasi impérative, pour rendre compte d'une «direction» (d'un *sens*) qui s'impose, mais en tentant d'en finir avec l'incertitude et la vulnérabilité qui en sont l'envers nécessaire? La «béance» s'en trouve occultée, celle de la blessure par où, nécessairement, doit passer ce qui s'affirme et se pose. Blessure de l'être qui s'ouvre, se déclot, laissant passer vers l'extérieur une «puissance» qui le déborde. Là où ça s'exprime ainsi, ça défaille aussi, ça souffre et même ça crie. Mais cela généralement ne sera pas dit par le «philosophe», c'est-à-dire avoué. Un interdit a toujours pesé en philosophie particulièrement sur le «dire» de la souffrance. Seul mériterait l'attention ce qui en est issu : l'affirmation, l'idée, le concept. Mais pourquoi faire *comme si* il n'y avait pas blessure ou souffrance? Pourquoi occulter le «travail» de l'avènement? Pourquoi ne retenir que la «puissance»? Pourquoi «forcer» l'affirmation? Pourquoi, dès lors, fausser, paradoxalement, au nom de la «vérité»? Voire de l'«apodicticité»?

Par ailleurs, lorsque, dans la culture, s'avoue quelque vulnérabilité, quelque béance, c'est souvent sans affirmation corrélative. À la vue du «sang» qui s'écoule, toute affirmation se trouverait invalidée ou suspectée. Tels s'acharneront même, comme Cioran ou Beckett, à la traquer à la source et, avec elle, le «sens» qu'elle aurait pour tort de porter. Telle serait la grande illusion, la mystification : croire au «sens», telle que, une fois bien comprise, elle interdirait à quiconque la profération d'un «Je», symptôme d'une increvable naïveté. C'est de cette naïveté que l'on serait aujourd'hui revenu : celle de croire en quelque affirmation porteuse de sens. Le ciel étant souvent couvert, les nuages invalideraient le soleil, comme le sang versé invaliderait tout héroïsme. «Grande fatigue», nihilisme, dirait Nietzsche. Et complaisance en ce nihilisme.

Ce qui n'empêche pas d'en dégager ce qu'il peut comporter de roboratif : si négatives en effet que se veulent certaines œuvres, elles n'en comportent pas moins par la vivacité, l'exigence et la précision de leur style une singulière puissance d'adhésion. L'existence de ces œuvres témoigne paradoxalement en faveur de la vie et de sa valeur. Ce n'est pas tant l'absence d'issue qui s'en dégage que l'affirmation de la nécessité du négatif quant à la relance de la vie et de son affirmation, si timide et minimale soit-elle. Néanmoins, ce que ce parti pris de négativité comporte d'exclusif, du moins explicitement, à la fin devient lassant et aussi ressassant que le parti pris contraire, dont il reste indissociable. Au nihilisme déguisé s'oppose un nihilisme avoué sans que soit ébranlé l'interdit qui empêche de penser l'au-delà.

Pourquoi donc, pouvons-nous dès lors nous demander, cette tendance à *forcer*, à pousser un point de vue à la limite, de façon exclusive, travestissant l'expérience ? On note une même assurance dans l'expression de la négativité que dans celle de la positivité. Il est question des deux points de vue de gagner, voire de forcer l'adhésion. Son dire est à prendre ou à laisser. On a des sectateurs comme des opposants. Ce qui importe dès lors n'est-il pas de se trouver dûment logé à *telle* enseigne? Si «authentique» soit-on en l'affirmation de son point de vue, n'y respire-t-on pas la même atmosphère d'assurance, c'est-à-dire de *puissance*? Que reste-t-il à celui qui cherche, incertain, qui, sans faire l'économie du passage, voire du séjour dans le négatif, n'a pas pour autant renoncé à toute affirmation? Ne cherche-t-on pas à lui en imposer, convaincu que l'on serait d'avoir «trouvé», y compris qu'il n'y a rien à trouver? Dès lors, chacun s'installe dans sa «position», «travaillant» résolument dans le même sens avec pour effet de *s'imposer* en vertu d'une telle continuité à celui qui reste aux prises avec la discontinuité de son existence et de sa pensée, avec ses hauts et ses bas, ses emportements et ses chutes, l'incertitude de sa quête. N'est-ce pas le sens des alternances (de goût, d'humeur, de pensée), des atmosphères et des nuances de tout «climat intérieur» qui en vient à se perdre, au plus près de l'expérience que chacun peut en faire et du désir de porter cette expérience à la parole? N'est-ce pas toujours une *puissance* qui s'exerce, peu importe sa référence, dans cette assurance à tenir et affirmer une même position à travers le temps, au détriment de la quête incertaine de *n'importe qui* et de son droit à l'expression d'une parole qui soit *sienne* en son ambivalence et son inachèvement?

Qu'est-ce à dire de la philosophie? Peut-être au fond n'était-ce que d'elle qu'il était jusqu'ici question. Tant il est difficile de l'aborder de front, en sa toute-puissance, et d'engager un débat avec elle. A-t-on seulement le droit de l'interroger, de s'interroger à propos d'elle, sans tomber dans la facilité de chercher à en finir avec elle et ce qu'elle représente? Il est devenu courant et séant de gloser sur la «fin de la philosophie» comme aussi de faire état de son «retour». Qu'est-elle donc pour que l'on puisse ainsi contradictoirement souhaiter sa «fin» ou saluer son «retour»? Pourquoi son absence nous hante-t-elle autant que peut nous écraser sa présence? Répondre n'est pas facile. Hasardons-nous seulement à supposer que cela pourrait tenir à la nature particulière de son rapport à la parole, à ce qui, en elle, se noue et peut être cherche à se dénouer du rapport du singulier à l'universel. C'est surtout cependant du côté de sa quête ou de son postulat d'universalité qu'est à chercher sa spécificité par rapport à toute autre forme de dire. En quoi, tout particulièrement, elle chercherait à s'arracher à tout dire «innocent» ou «spontané», se réclamant d'une exigence étrangère à toute «naturalité». Exigence telle que sa spécificité s'affirmerait justement en sa tentative de renversement du point de vue «naturel» ou «spontané». Mais, en tant qu'elle s'exprime, cette exigence, relevant intégralement de ce qui est imparti au dire, à la parole, porte nécessairement la marque d'une singularité, si dissimulée soit-elle sous le «concept» et le langage qu'il commande.

Si universelle et théorique soit-elle, du moins en ce qu'elle revendique d'elle-même, cette parole prendrait sa source au cœur du plus sensible, du plus intime et du plus irréductible, d'où s'origine le désir de parole en son exigence la plus pure : dépasser les frontières qui séparent chaque personne de toutes les autres. Parvenir à faire entendre le plus incommunicable à tout homme en tant qu'il est homme. Tirer l'humanité elle-même du plus profond de sa douleur d'*individu* : de ce plus profond d'*où ça parle*, et toujours nécessairement à quelqu'un *d'autre*, simplement, de ce qui est, c'est-à-dire de ce qui apparaît,

est en train d'apparaître. En un langage qui, d'abord, serait
à la frontière de l'inaudible et de l'inintelligible. Auquel
il est toutefois possible de prêter attention, auquel «je»
peux prêter attention. Origine du dia-logue. Avant même
que le «genre» soit inventé et exploité, le «dire» est un
dialogue entre la source d'où il provient – hors source, en
effet, quelle serait sa réalité, sa valeur? – et «moi» qui
l'écoute et le recueille. «Moi» qui ne saurais d'ailleurs
exister hors de cette écoute : en son origine, donc, «interprète» et traducteur. La traduction est première, la langue
«maternelle» est toujours d'abord celle de l'autre. La
«déformation» est à l'origine de la forme elle-même en ce
qu'elle a de singulier et d'universel à la fois. Fidèle à cette
source d'où origine la parole, ne suis-je pas toujours traître
du même coup, en ma différence individualisante? «Je»
ne suis pas en effet cette parole que je cherche à rendre, et,
pourtant, je n'existe comme «moi» que du fait de la
reprendre et de la rendre, la dé-formant d'autant plus que
je lui donne forme.

Traducteur infidèle, «je» me constitue à la fois à travers cette traduction et cette infidélité. «J»'apparais avec
la forme que prend mon dire, trahissant ce qui m'inspire.
Comment ne me prendrais-je pas pour un autre? Mais
jusqu'à quel point serai-je dupe? Me cachant ma trahison
originelle, originante, me faisant croire à ma fidélité,
quoi de plus aisé que de me poser en défenseur de l'authenticité? Occultant la forme, c'est la mise en forme que
j'occulte et la trahison de l'origine qu'elle porte avec elle.
C'est l'écart que je cache du même coup. La coupure par
laquelle je m'individualise à travers une forme singulière
se trouve déniée au profit d'une «religion» de l'authenticité à laquelle, dès lors, j'essaie de rallier les autres, en

dépit de leur différence. C'est à *ma* forme, du même coup, que je veux les rallier, sous prétexte d'authenticité, et c'est leur forme que je les invite à nier et abdiquer au nom de notre commune origine. La religion de la langue maternelle se met en place par-delà la forclusion de la coupure. La panique liée au sentiment d'individualité est conjurée à la source. Bardes, poètes, prophètes et autres sorciers se portent garants d'une continuité *imaginaire*. Telle n'est-elle pas la matrice de tout intégrisme ?

Avec la forme apparaît la dé-formation. La « vérité » se défile au moment même où elle est entrevue, ou, si l'on veut, entendue. La traduction ou mise en forme, en sa nécessité, apparaît comme *écriture* et, indissociablement, *style*. En dialogue avec le dire qui lui échappe, le sujet peu à peu se constitue à travers ce qui, de lui, s'inscrit ou s'écrit jusqu'au jour où, oubliant ou reniant son impure origine, sûr de lui apparemment, il se détachera de tout lien avec le dire et prétendra gouverner ce qu'il en est du « réel » à partir de sa prétendue « volonté ». Nous voici à l'autre extrême du sectateur de l'authenticité, du côté de l'universalisme abstrait. Dans un cas, la prétendue fidélité à la source nie la nécessaire traduction de tout dire originel, dans l'autre, c'est le rapport à la source, cette première parole à peine audible, qui se trouve nié au profit d'une altérité qui aurait une fois pour toutes dépassé tout travail d'altération. Vous dites bien l'autre, voire l'universel ? Mais l'autre de quoi ou de qui ?

Mais revenons au plus près de ce qui se forme et se déforme à la source. De ce qui s'inscrivant, se trahit du même coup. De ce qui s'espace avant même que ne s'imposent les signes. Traquons l'universel à la source. Où pointe-t-il si ce n'est du sein de la douleur de l'espacement premier, trahissant dès l'origine le «bonheur» imaginaire de la fusion avec soi, la béatitude de l'immédiateté ? Du sein du mal que «je» me fais en traduisant ce qui me parle, dont «je» perçois qu'il m'est confié, à «moi» qui ne suis rien hors de cette confiance et confidence, si ce n'est cette aptitude à traduire à ma façon. Interprète. Traducteur. Traître. J'inaugure, sans le savoir, ce qui est à l'origine de tout savoir, de toute culture : le geste d'espacement, d'inscription du souffle. «Universalité», «culture» s'originent en cette douleur, ce mal à être ce que je suis : séparé, seul à dialoguer avec l'inaccessible, l'impossible, ce qui se livre d'insaisissable à travers le flux verbal qui m'advient, alors même que les mots me manquent. «Je» trahis ce qui me fait être et m'engendre. Dé-formant en inscrivant, je «fabrique» dès lors un «sens» qui m'échappe et me fait tout à la fois, dont je ne peux m'empêcher de penser, en dépit de sa particularité signée, manifeste et en raison peut-être du mal que me fait cette traduction-écriture, que ce sens *vaut* néanmoins pour quelqu'un d'autre, voire *les autres*.

Je ne suis jamais quitte de ce «délire» ou, si l'on veut, de ce désir d'être un autre lorsque j'écris, puisque, paradoxalement, écrivant du cœur même de ma particularité, c'est comme autre que j'adviens et que je la «réalise». Devenant toujours plus «moi», c'est comme autre que je me produis. M'approchant de ma «vérité», je m'éloigne à tire d'aile de toute «authenticité». Plus s'inscrit le «vrai», plus il apparaît du même coup comme une «version» du vrai. Si l'authenticité est trahie, la vérité, quant à elle, porte la marque de son origine particulière. Elle bat de l'aile en naissant, avouant sa défaillance, et, dès lors, appelant une autre version, tout aussi vraie, quoique contradictoire, donc tout aussi fausse. «Le ver est dans le fruit», tout concept est grugé par un autre qu'il appelle. En tant qu'elle n'échappe pas à l'écriture, c'est-à-dire à la forme et au style, la fausseté est, dès l'origine, au cœur de la vérité. Aucune Torah n'échappe à son Talmud. Aucune œuvre à ses épigones ou contradicteurs. Dès l'origine, la culture est fausse, comme Rousseau est sans doute celui qui l'a le mieux compris et exprimé. Telle est cependant sa vérité, si on la comprend bien pour ce qu'elle est : version du vrai, *versions* du vrai. Il n'est ainsi d'authenticité, comme Gide l'avait fort bien compris, que dans l'aveu de son travail de «faux-monnayeur». C'est lorsque s'avoue le travail de falsification que s'approche au plus près la «vérité».

Entendue comme cette écriture dont l'inscription est arrachement à l'immédiateté de la pensée fusionnelle, l'«universalité» est marquée d'emblée du sceau de la particularité. C'est la version écrite d'un dire qui en appelle un autre : «universelle» dès lors en tant que non-close sur elle-même, dé-close, offerte, ouverte à une autre version du «même» éternel. C'est en cette dé-closion du plus particulier et non en quelque «huis-clos» inaccessible et inviolable qu'est à chercher l'universalité. Ainsi, le «philosophique», en tant que quête du vrai et de l'universel, est-il en germe dans la toute première écriture, en toute écriture, et spécialement en toute écriture qui se reconnaît comme telle. La «volonté de vérité» qui finit par s'imposer dissimule une volonté de puissance, comme Nietzsche l'avait fort bien compris, qui consiste à absolutiser telle version particulière et stylisée d'un dire premier, en la faisant passer pour la seule version ou la toute première qui aboutirait à la toute dernière, l'ultime (le savoir absolu hégélien). C'est d'une *aversion* à l'égard de tout ce qui se présente comme version, c'est-à-dire écriture, forme, style qu'il s'agit. Pas étonnant que le «poète» soit exclu de la Cité et que le dialogue se travestisse dès l'origine comme échange entre un Maître de vérité et un autre supposé ne rien savoir en croyant qu'il sait. Œuvre de la dé-closion, la philosophie, entendue comme quête de vrai et d'universel, se voue au nom du Vrai, de la Version unique, à faire taire la douleur de son enfantement, le cri que dissimule la parole faussement assurée du Maître de vérité socratique. Œuvre de la dé-closion, c'est à clore qu'elle s'évertuera, recueillant en un «Tout» qui se veut suffisant et qui «fasse Loi» une fois pour toutes, ce qui, à un certain moment, sous une modalité particulière, à travers une écriture singulière, s'est dé-clos, plutôt que d'appeler à d'autres dé-closions en un dia-logue universel à multiples voix, sans frontière ni exclusive. Refusant de se comprendre elle-même comme dé-closion particulière, version *signée* du Vrai, elle nie le geste (la geste) de son origine, étouffe le cri de douleur qui marque l'accouchement de tout système (Socrate n'est-il pas le maître de l'accouchement sans douleur ?), jetant un voile pudique (mais avec effarement) sur les affres de l'engendrement, pour ne plus se présenter que comme Athéna, issue de la tête de Zeus, sans passer par la corruption des «voies naturelles».

Dès lors, il lui importe d'en imposer. D'interdire et de faire taire toute particularité au nom de l'Universalité auto-proclamée une fois pour toutes. Tel est son dessein de puissance que Nietzsche a si nettement mis à jour. Sa «grandeur», c'est-à-dire sa vérité, ne peut être re-trouvée qu'à travers l'aveu de ce que chaque grande œuvre philoso-phique n'est au fond qu'une version, traduction imparfaite de ce qui échappe à chacun, nécessaire cependant justement en cette imperfection en tant qu'elle tente de lui donner forme et de la porter au « concept » à travers l'écriture qui, en elle-même, est œuvre d'abstraction. Qu'elle consente donc à se reconnaître « littérature », quoique d'un genre particulier, non tant en ce qu'elle se rapprocherait plus de la « vérité » qu'en tant qu'elle porte jusqu'au délire le désir d'universalité qui l'anime : délire d'absolu, de vérité, folie du sang versé pour y parvenir ! La philosophie est un mal dont il faut se guérir pour s'approcher de la vérité, mais c'est un mal nécessaire. De ce point de vue, on peut en dire ce que Kierkegaard dit du désespoir : que c'est une maladie que le pire est de ne pas attraper, mais à condition de chercher à en guérir. Hegel et Spinoza doivent apprendre à regarder en face leur alter ego, la face délirante de leur désir d'absolu : le président Schreber.

PEUT-ON JAMAIS CONCLURE ?

— Peut-on jamais conclure?
— Écrivain ou philosophe?
— Pourquoi choisir?
— L'inspiration n'est-elle pas première? Le souffle?
— Et l'idée?
— Mais quand donc comprendras-tu que l'idée est génératrice au même titre que le souffle?
— Loin de toute thèse?
— Et de toute volonté d'expliquer. C'est une pensée. Comme le soleil à travers les nuages.
— Du sein de l'obscur?
— Une pensée du sein de l'obscur en direction de...
— De?
— De ce qui vient ou cherche à venir.
— L'idée ne commande donc pas?
— Elle ne commande qu'en tant qu'elle est commandée.
— Elle répond?
— Elle répond à ce qui l'interpelle ou interpelle la conscience en son obscurité.
— Une saisie?
— Une saisie dévoilante, mais comme un éclair. Qui déchire. Elle dévoile en déchirant.

— Violence alors ?

— Violence faite à l'inertie de l'être, à l'être en son inertie.

— Pourquoi parler d'inertie ?

— Que serait l'être sans l'idée ?

— ?

— Un marais peut-être... une masse boueuse qui s'affaisse et se soulève...

— Une sorte de respiration tellurique...

— En tous cas, rien qui ne se creuse assez pour qu'autre chose en jaillisse.

— L'idée serait-elle interne à la matière ?

— Le problème, vois-tu, est que nous usons de mots et qu'ils sont toujours impropres...

— ?

— « Matière », « esprit », « idée », après tout, ne sont que des mots.

— Comment ne pas y croire ?

— Comment, surtout, se mettre à trop y croire ? Toujours, ils nous abusent.

— Pourtant, à peine approchent-ils la chose...

— La chose ?

— Ce dont il est question...

— ... ou en question...

— Une déhiscence ?

— Une déhiscence au sein de l'être, telle serait la question.

— Plutôt qu'un simple affaissement...

— ... ou le mouvement incessant de ce qui s'affaisse et se soulève.

— N'est-ce pas un abîme alors qui s'ouvre ?

— Une sorte d'abîme qui se creuse soudain, de façon inattendue, à l'insu de toute conscience...

— Au sens où « la question se pose »...

— ... le creux de la question, ce creusement qui est question...

— Mais ne sont-ce pas là que des mots ?

— Des métaphores, si tu veux.

— Surgies d'où ?

— N'est-ce pas ce qui reste, sans plus, la *trace*, la marque inscrite à la suite d'un creusement, d'un plissement accentué de l'être...

— Et l'idée ?

— Le mot, cette métaphore, est aussi la trace de l'idée, plus précisément, de ce qui est apparu, de ce qui a surgi à la faveur du creusement.

— Tu ne crois donc pas au personnage ?

— Quelle drôle de question !

— Tu trouves ?

— Peut-être pas si drôle après tout... serais-tu en train de me percer à jour ?

— ?

— Le personnage, tu as bien raison ! C'est ici qu'on aimerait rire...

— Ah !

— De tant de suffisance... et d'aveugle croyance.

— Tu m'intrigues...

— Mais c'est toi, avec ta question !

— Comment ?

— La question de ce qui en finit avec la question...

— ?

— ... pour mieux la replier sur une forme « replète » qui aimerait bien se croire complète, si tu me permets de jouer avec les mots.

— Après tout, ne sont-ils pas là aussi pour jouer ?

— Jouer et faire signe...
— En direction de...?
— De?
— Vois-tu, j'aimerais tellement qu'on en reste au point d'interrogation... qu'on y séjourne...
— Et la réponse?
— Disons seulement : la réponse, voilà ce qui convient au personnage...
— Et l'intrigue, l'histoire...?
— ... la fin, l'achèvement, l'aboutissement...
— Balzac?
— Tu en as de ces questions... pour qui me prends-tu donc?
— Un personnage, peut-être...
— De Balzac?
— Pourquoi pas? J'y pensais tout juste.
— Louis Lambert? Lucien de Rubempré?
— Un peu des deux...
— Ah! bon, je vois, mais alors approche de plus près.
— ?
— Approche... n'aie crainte, écoute bien ceci : lis Balzac de plus près, tu verras, tous les personnages se défont...
— Tu m'étonnes!
— ... que des mots encore une fois, des traces... de passions sages ou folles, errantes ou domestiques... autant d'énigmes à vrai dire...
— Un peu comme au cinéma... le plan rapproché...
— Justement... alors ne restent plus que le grain de la peau, ce plissement au coin de l'œil, cette bajoue qui tombe...
— Il n'y a guère plus que les romanciers qui croient aux personnages...

— Détrompe-toi, je crois plutôt qu'ils sont bien les derniers à y croire. Autrement, pourquoi les inventeraient-ils ?

— Qui donc y croit alors ?

— Les pseudo-romanciers, les épigones...

— ... qui pullulent...

— Je ne te le fais pas dire... sans oublier tous ceux qui les liront, faute de mieux.

— Faute de mieux ?

— Faute de pouvoir séjourner...

— ?

— Dans les plis, replis et crevasses de l'être où s'engendre le temps...

— Les interstices alors...

— Les interstices, intervalles et autres entrouvertures et espacements inopinés... les coups d'œil, les clins d'œil et autres...

— ... bajoues qui tombent...

— ... et paupières qui se plissent, sans oublier les sons...

— Les sons aussi ?

— ... bien sûr, l'être est audible : geignements, gémissements, gloussements...

— ...

— ... les sons naissent, éclosent à même la chair...

— ... des halètements ?

— ... justement, les halètements : extase et plainte de la chair...

— La chair crie alors ?

— Elle crie lorsqu'elle s'ouvre, se déchire, se fend. L'effraction n'est jamais silencieuse...

— C'est le silence déchiré...

— ... début de toute « musique »...

— Ce mot m'étonne en ta bouche !

— Il détonne, veux-tu dire...

— Oui, il détonne.

— Comment, en effet, ne pas l'associer au roman ?

— Et au cinéma...

— ... avec leur volonté d'en finir...

— ?

— D'en finir avec tout ce qui bouge... de fixer, d'immobiliser, d'achever.

— « Happy end » ?

— Tout cela, roman, musique, cinéma, est une grande célébration du « happy end », une sorte d'invocation ou d'incantation, si tu veux.

— On voudrait tant en effet...

— ... que tout cela ait *un sens*, achevé, consommable, indéfiniment répétable ou reproductible.

— Et l'aventure ?

— Quelle aventure ?

— Je veux dire : ce qui arrive, l'inconnu...

— Ou le trop connu... voilà où le bât blesse. Il n'y a plus d'aventure.

— ?

— Plus d'autre aventure que ce qu'on appelle dérisoirement de ce nom : « avoir une aventure... »

— Tu me fais rire...

— Eh ! bien, tant mieux, il y a bien de quoi rire. « Avoir une aventure », y a-t-il rien de moins inconnu et de plus convenu, tellement figurable... ?

— Mais alors, l'aventure ?

— C'est qu'il n'y a rien de sérieux...

— Rien de sérieux ?

— La vie, la mort, toute cette enflure enfin balancée !

— Balancée ?

— Toutes ces généralités, ces mots creux et le «sens» qu'elles devraient révéler.

— Pas de sens alors ?

— Mais à la fin, dis-le moi donc : c'est quoi, le sens ?

— ?

— ... il n'y a pas de réponse, ou alors elle est là, la réponse, je la devine à ta mine, la décomposition subite de ton faciès, ce creusement étonné... questions, questions !

— ?

— Oui, question inscrite à même ta chair, cette vibration qui s'ouvre et se ferme... comme les sons de la flûte ou de la clarinette lorsque les doigts appuient et se soulèvent...

— Qu'est-ce ...?

— Qu'est-ce donc qui en sort ? Inédite modulation de l'être à même la chair : souffles, questions...

— Un sens, là ?

— Mais quoi d'autre ? Du sens, si tu veux.

— La vie, la mort ?

— Mais ça vit, ça meurt sans cesse, ça inspire et expire, ça se creuse et rejaillit.. À chaque détente du souffle, à chaque tension...

— Et l'idée ?

— Nous y revoilà !

— Violence ?

— Violence faite à l'être, insupportable creusement, éclair éblouissant !

— Et penser ?

— Penser, c'est méditer, mais comme on médite un complot. L'idée, c'est le complot dévoilé.

— Encore Descartes ?

— L'idée claire et distincte, certes, mais surtout Spinoza : la compréhension se passe de signes...

— ... de mots...

— ... quoi qu'on dise...

— ... ce dont, par ailleurs, on ne peut s'empêcher...

— ... bien sûr, on ne peut qu'ébruiter... après coup.

— ?

— Ébruiter pour ne pas rester avec ça... cette déchirure, cet éclair, cette insupportable percée...

— Alors, on écrit des thèses...

— Pour en finir...

— Tous ces dédales de l'entendement...

— ... auxquels on ne comprend jamais rien...

— ... parce que...

— ... ce n'est pas cela, comprendre...

— Comprendre, alors ?

— ... On ne le veut pas, on préfère ne pas savoir, ne pas voir...

— Alors, comprendre, c'est voir...

— C'est être saisi par ce qui se voit à travers soi...

— ... et...

— ... et n'en pas revenir.

— D'où l'impulsion à écrire ?

— C'est-à-dire à inscrire : traces, marques, meurtres...

— Et que ça crie !

— Que ça crie de saisissement !

— Comme à l'agonie ?

— Paraît-il.

TABLE DES MATIÈRES

MEMBRE DU GROUPE SCABRINI

Québec, Canada
2000